KB199890

위대하지 않은,

선한 그리스도인을 찾습니다

✳ 이 책의 인세는 한동대학교 학생들을 위한 '김영길 장학금'으로 전액 사용됩니다.

## 선한 그리스도인을 찾습니다

지은이 | 이재훈
초판 발행 | 2019. 12. 13
17쇄 발행 | 2024. 9. 10
등록번호 | 제1988-000080호
등록된 곳 | 서울특별시 용산구 서빙고로65길 38
발행처 | 사단법인 두란노서원
영업부 | 2078-3333    FAX | 080-749-3705
출판부 | 2078-3331

책값은 뒤표지에 있습니다.
ISBN 978-89-531-3651-9   03230

독자의 의견을 기다립니다.
tpress@duranno.com  www.duranno.com

두란노서원은 바울 사도가 3차 전도여행 때 에베소에서 성령 받은 제자들을 따로 세워 하나님의 말씀으로 양육
하던 장소입니다. 사도행전 19장 8-20절의 정신에 따라 첫째 목회자를 돕는 사역과 평신도를 훈련시키는 사역,
둘째 세계선교(TIM)와 문서선교(단행본·잡지) 사역, 셋째 예수문화 및 경배와 찬양 사역, 그리고 가정·상담 사역 등
을 감당하고 있습니다. 1980년 12월 22일에 창립된 두란노서원은 주님 오실 때까지 이 사역들을 계속할 것입
니다.

위대하지 않은,

# 선한 그리스도인을 찾습니다

Great to Good Christian

이재훈
지음

두란노

# 목차

## Part 1.

## 위대하지 않은, 선한 그리스도인을 찾다

## Part 2.

## 나의 교회가 아닌, 예수님의 교회를 세우다

## Part 3.

# 권력을 내려놓은, 섬기는 목자를 원한다

# 우리는
# 위대한 삶이 아니라

# 선한 삶으로
# 부름을 받았다

한 사람이 초대 교회 교부인 터툴리안을 찾아와서 말했다.

"저는 이미 그리스도 앞에 나왔지만 제 직업은 옳지 않습니다. 이 일을 계속해야 할지, 그만두어야 할지 모르겠습니다. 저도 살아야 하니까 어쩔 수 없잖아요?"

이 말에 터툴리안은 이렇게 대답했다고 한다.

"꼭 살아야 하겠습니까?"

이 땅에서 믿음으로 사는 것은 매우 좁고 험한 길을 걷는 것과 같다. 때로는 수많은 사람이 택하는 넓고 편한 길을 포기해야 할 때도 있다. 그 선택은 미련해 보이기도 한다. 그러나 미련할 때 가장 지혜로울 수 있음을 아는 것이 바로 믿음이다.

광고회사 이노레드(INNORED)의 박현우 대표의 경영 철학이 그랬다. 그는 "하나님은 사랑이시다"라는 말씀에 기초해 회사의 비전을 "사랑받는 아이디어, 사랑받는 회사"로 삼았다. 그는 수백 개 기업으로부터 계약 요청이 들어와도 신앙과 윤리적 기준에 합당한 몇 개의 요청만 수락했다. 이는 절대 쉽지 않은 결정이다. 그러나 이 회사는 최근 몇 년간 세계적으로 중요한 광고대상들을 휩쓸며 국내에서 가장 영향력 있는 5대 광고사 안에 드는 실적을 이루었다. 독특한 아이디어나 남다른 노력도 있었겠지만, 이노레드의 성공 비결은 따로 있다. 선한 기업이 되고자 하는 비전과 실천을 통해 영향력을 미치게 된 것이다.

많은 사람이 비전을 바라본다. 그 비전의 위험은 위대하고자 하는 것이다. 그러나 위대한 분은 오직 한 분 하나님뿐이다. 우리는 위대한 삶이 아니라 선한 삶으로 부름을 받았다. 인간적인 의로 선을 쌓는 삶이 아니라 그리스도 안에서 성령의 열매를 맺는 선한 삶으로의 부름이다. 악한 원리를 의지하는 이들이 더 성공하는 것처럼 보이는 이 세상에서 선함이 곧 성공 그 자체임을 보여 주어야 하는 부름이다.

이 책은 그동안 목회 현장 속에 던져지는 물음에 대해 성경적 대답을 하고자 써 왔던 글들을 모은 것이다. 원고를 정리하며 가장 많이 떠오른 분은 고(故) 김영길 한동대학교 초대총장님이다. 김영길 총장님이야말로 이 땅에서 선한 그리스도인의 삶을 살았다. 그리고 그 삶은 수많은 젊은이에게 참된 그리스도인의 모범이 되어 주고 있다. 김영길 총장님을 기억하며, 이 책이 불씨가 되어 제2, 제3의 선한 그리스도인이 나오길 기대한다.

2019년 12월

이재훈

## Part 1

위대하지 않은,

선한

그리스도인을 찾다

# 악에서 찢어져
# 세상과 구별되다

|  | ▾ | 🔍 |

전도서 3장에는 모든 일에 때가 있다는 말씀이 나온다. 그런데 그중에서 "찢을 때가 있고 꿰맬 때가 있으며"라고 한 7절 말씀이 눈에 띈다.

창조주 하나님의 역사는 찢는 것과 꿰매는 것으로 이루어진다. 창세기 서두에 '나누다'라는 단어가 반복된다. 이것을 '찢는다'고 달리 표현할 수 있다. 하나님께서는 광명을 찢어서 해와 달과 별을 만드시고, 낮과 밤으로 찢어서 시간을 만드셨다.

하나님의 선택은 찢는 것이었다. 인간도 그렇다. 하나님은 당신의 방식으로 선택하신 이들을 찢어 구별하셔서 인류 전체에게 복을 주셨다. 아브라함을 부르신 것은 그를 고향과 친척과 아버지의 집에서 찢으신 것이다. 야곱도 가족과 찢어짐으로 벧엘의 하나님을 경험했다. 이스라엘을 선택하시고 지상의 모든 나라와 구별하신 것도 찢으신 것이다.

그렇게 찢어지고 구별된 후에 꿰맬 때가 온다. 하나님의 찢으심은 아름답게 꿰매시기 위함이다. 이스라엘을 철저하게 찢으신 것도 온 세상의 복의 통로로 꿰매시기 위함이다. "땅 위의 모든 족속이 너의 씨로 말미암아 복을 받으리라"(행 3:25)고 하신 말씀은 꿰매신다는 것이다. 우리 인생도 그렇지 않은가? 죽음을 통해 사랑하는 이들과 찢어지지만 부활의 아침이 오면 다시 꿰매어질 것이다.

거룩함 역시 찢어지고 꿰매어지는 과정에서 나타난다. 하나님 앞에서 가증스러운 것과는 철저히 찢어져 구별되어야 한다. 그것들을 미워하는 찢어짐이 있어야 아름답게 꿰매실 하나님의 사역에 쓰임받을 수 있다. 따라서 악을 철저히 미워하라는 하나님의 말씀은 곧 선한 명령이다. 하나님께서는 선한 일을 하시기 위한 하나의 방법으로 갈등과 전쟁 관계를 사용하신다. 선한 그리스도인은 사탄에게 속한 악과 끊임없이 적이 되고 전쟁하며 살아가야 한다.

삶에서 찢어짐이 없다는 것은 위험한 일이다. 악과 아무런 갈등도 없고 찢어짐도 없다는 것은 사탄과 한편이라는 말이다. 우리는 악과 찢어지는 과정을 통해 하나님의 구원과 복의 통로가 되어야 한다. '악'을 뜻하는 영단어 'evil' 은 살다'라는 뜻의 영단어 'live'의 철자를 거꾸로 배열해 놓은 것과 같다. 악은 삶을 거스르는 것이고, 진정한 삶은 악을 거스르는 것이다. 하비 콕스(Harvey Cox)는 이렇게 말했다. "선이 아무 일도 하지 않고 가만히 있을 때 악이 승리하게 된다."

하나님께서 악을 철저히 미워하시는 까닭은 사람을 사랑하시기 때문이다. 사람을 하나님의 사랑으로 꿰매시어 걸작으로 변화시키기 위함이다. 하나님께서 사람을 악으로부터 찢으시는 까닭은, 악이야말로 하나님의 가장 경이롭고 소중한 존재인 인간의 아름다움을 망치기 때문이다. 싸구려 책에 잉크를 쏟는 일은 사소하다. 그러나 국보급 고문서에 잉크를 쏟는 일은 상황이 다르다. 인간을 귀하게 볼수록 죄는 끔찍하고 혐오스러워 보인다.

사탄은 인간을 자신과 꿰매는 데 성공해야만 했다. 자신에게 그 어떤 권세도 주어지지 않았기 때문이다. 사탄은 반드시 인간을 통해서만 그 권세를 사용할 수 있다. 따라서 사탄이 세상에 영향을 미치는 것은 사람이 하나님께 불순종하기로 선택한 만큼만 가능하다.

사탄이 인간을 자기 편으로 만들기 위해서는 두 단계의 작업이 필요했다. 첫 번째는 하나님과의 관계를 찢어 놓는 것이고, 두 번째는 자신과의 관계를 두텁게 꿰매는 것이었다. 첫 번째는 성공했다. 두 번째 단계도 성공한 줄 알았다. 그런데 뜻대로 되지 않았다. 하나님께서 개입하셨기 때문이다.

하나님께서는 그리스도의 십자가 사건을 통하여 인간을 죄와 사탄으로부터 찢으셨다. 그리고 하나님과의 관계를 다시 꿰매는 일에 성공하셨다. 그리스도 안에서 우리는 악과 찢어지고 하나님과 다시 꿰매어질 수 있게 되었다.

우리 안에 있는 악을 그리스도의 십자가로 찢어 내었는가? 그 찢어진 영혼의 조각들을 그리스도 안에 있는 하나님의 사랑으로 다시 꿰매었는가? 그리스도 안에서 우리를 찢으시고 꿰매시는 하나님의 영적 대수술을 경험하기를 소망한다.

# 복음의 선함은
# 선한 행실로
# 증거되어야 한다

|                                                    | ▾ | Q |
| -------------------------------------------------- | - | - |

오래 전, 짐 콜린스(Jim Collins)의 《Good to Great》이라는 경제 서적이 베스트셀러가 되었다. 그 책의 영향력이 교회에까지 미쳐서 '좋은 교회를 넘어 위대한 교회가 되자'는 표어가 돌기도 했다.

그러나 교회는 이 책의 명칭을 정반대로 적용해야 한다. 'Good to Great'이 아니라 'Great to Good'이다. 교회는 위대한 교회가 아니라 선한 교회가 되어야 한다. 예수님은 "나는 선한 목자다"라고 말씀하셨지 "나는 위대한 목자다"라고 말씀하지 않으셨다. 예수님을 지극히 높이신 분은 하나님이시지 예수님 자신이 아니시다. 교회는 스스로를 지극히 높여 위대한 교회가 되려 해서는 안 되고 예수님처럼 겸손과

낮아짐과 섬김을 다하는 선한 교회가 되어야 한다.

그리스도인인 우리는 그리스도에 대한 교리를 믿는 Believing에 그쳐서는 안 된다. 그리스도께서 우리 안에 거하심으로 그리스도와 같이 되는 길인 Being으로 나아가야 한다. 우리는 선한 목자이신 그리스도와 같이 선한 행실로 살아가는 사람들이다. 선한 양심의 순례자들이다. 예수님께서도 산상수훈에서 그리스도인들의 선함에 대하여 말씀하셨다.

> 이같이 너희 빛이 사람 앞에 비치게 하여 그들로 너희 착한 행실을 보고 하늘에 계신 너희 아버지께 영광을 돌리게 하라 **마 5:16**

'너희는 세상의 소금이요 빛이라'고 하신 예수님의 말씀의 결론이다. 무엇이 소금됨이며 무엇이 빛인가? 선한 행실이다. 이 말씀은 세상 속에 선교적 교회로 부르심을 받은 성도들에게 주어진 말씀이다.

선교적 교회가 된다는 것은 곧 세상 속에서 선한 교회가 된다는 것이다. 또한 세상 속에서 선한 교회가 되는 것은 이 땅에 복음을 전하겠다는 말과 같다. 선교적 교회는 선한 교회이며, 선한 교회는 선교적 교회로 나타날 수밖에 없다.

선한 교회가 되기 위해서 두 가지 위험을 극복해야 한다.

첫째, 세속주의의 위험이다. 이것은 나쁜 문화나 제도의 문제를 지적하는 것이 아니다. 세속화는 우리 내면에서부터 이루어지는 것이다. 세상은 언제나 악했다. 영혼을 무너뜨리는 사탄의 유혹에 내 육체의 정욕이 도구가 되어서는 안 된다. 시험에서 승리해야 한다.

둘째, 분리주의의 위험이다. 분리주의란 신성과 세속, 영과 육, 교회와 세상을 분리시켜, 세상을 하나님 나라 시각으로 바라보지 못하는 것이다. 그러나 우리는 이미 구원받았으니 더러운 세상에는 관심을 끊어야 한다고 생각하는 것은 위험하다. 이는 세상 속으로 복음 들고 나아가야 하는 우리의 사명을 저버리는 것이다. 거룩함이란 세상과 구별하는 것이지 분리하는 것이 아니다.

교회의 사명은 복음이 공적 진리라는 사실을 세상 속에 나타내는 것이다. 어떻게 나타낼 수 있는가? 세상 속에서 선한 행실로 나타내는 것이다. 복음의 선함은 선한 행실로서 증거되어야 한다.

우리나라 역사를 보면 복음이 전해지는 곳마다 교회를 통해 어떤 선한 행실이 일어났는지 잘 알 수 있다. 복음을 받아들인 후 교회를 통해 사회의 악과 구습을 개혁하는 일들이 일어난 것이다. 1890년대부터는 우상 숭배와 미신 철폐가 일어나도록 한국 교회가 선한 영향력을 일으켰다. 1894년 갑오경장 때는 노비제도 철폐 등을 발표하기도 했다. 남존여비 사상에 물들어 있던 사회에서 교회는 여성 인권을 평등하게 보장하고 여성 교육에 앞장섰다. 1901년 장로교 공의회에서는 조혼, 과부의 재가 금지, 결혼 지참금, 부녀자 핍박, 축첩제도 등을 금한다. 독립운동의 주역들이 한국 교회의 지도자들이었다는 것은 잘 알려져 있다. 6·25전쟁 이후에는 많은 피난민과 고아들을 섬기는 일에 교회가 앞장섰다. 한센병 치료, 결핵 퇴치운동, 금연·금주 운동, 공창 폐지, 농촌운동 등 수많은 사회 개혁 중심에 한국 교회가 있었다. 거룩한 나그네 된 순례자들의 선한 행실은 시대마다 조금씩 다르지만 가장 필요한 영역에서 나타났다.

마틴 루터는 선한 사마리아인의 비유(눅 10:25-37)를 이렇게 해석했다. 강도 만난 자를 보고 그냥 지나간 제사장과 레위인에게는 마음속에 가장 먼저 이런 질문이 던져졌을 것이다. '만약 내가 여기서 멈춰 이 사람을 돕는다면 나에게 무슨 일이 일어날까?' 그러나 선한 사마리아인은 이 물음을 거꾸로 뒤집었다. '만약 내가 여기서 멈춰 이 사람을 돕지 않는다면 그에게 무슨 일이 일어날까?' 우리는 살면서 수도 없이 강도 만난 자를 만날 것이다. 그때마다 이와 같은 질문을 던져야 한다.

사건과 운동의 차이는 희생이다. 한국 교회가 선한 행실을 위한 희생을 두려워하지 않을 때 세상에는 거룩한 운동이 일어날 것이다. 우리가 믿는 것에서 그치지 않고 끊임없이 어떻게 실천하여 어떤 사람들이 되어 갈 것인가에 초점을 두어 한국 교회가 선한 교회로 하나님께 쓰임받을 수 있기를 기도한다.

# 고통도 행복의
# 일부가 될 수 있다

---

이스라엘의 영적 지도자 모세의 유언은 하나님의 종답다. 그의 유언은 신명기 33장 29절에 나오는 말씀으로, 이스라엘 자손들을 향하고 있다.

말씀은 "이스라엘이여 너는 행복한 사람이로다"로 시작한다. 이 선언의 근거는 어디 있는가? 이스라엘은 애굽의 노예생활을 거쳐 지금까지 40년 광야생활을 해 왔고 앞으로도 가나안 땅에 들어가 엄청난 전쟁을 치러야 하는 상황에 놓여 있다. 세상적으로는 결코 행복하다고 말할 수 없는 상황이다. 어떤 사람들은 행복이란 고통이 없는 상태라고 믿는다는데, 이 기준으로 보면 이스라엘은 행복과는 거리가 멀다. 그러고 보면 고통이 없는 상태가 행복이라는 말은 진실이 아니다.

시편에 이런 말씀이 있다. "눈물을 흘리며 씨를 뿌리는 자는 기쁨으로 거두리로다"(시 126:5). 이 말씀은 눈물이 없이는 기쁨도 없을 것이라는 뜻이다. 인생의 목표는 고통을 피하는 것이 아니라, 고통을 멋지게 통과하여 그 고통이 행복의 일부가 되게 하는 것이다.

그저 즐겁게 살면 행복할 것 같은가? 그러나 행복은 결코 즐거움 그 자체가 아니다. 의미 없는 즐거움이 때로는 더 고통스러울 수 있다. 행복이란 즐거움만이 아니라 거기에 의미가 함께 있어야 한다. 의미가 있어야 지속력이 있다.

어느 부자 아빠가 일곱 살 난 아들에게 자신의 부유함을 자랑하고 싶었다. 그래서 아들에게 가난한 사람들이 어떻게 사는지 보여 주기로 마음먹었다. 그는 아들과 함께 거대한 저택에서 나와 가난한 친구가 사는 작은 시골 농장으로 갔다. 나무로 만든 작고 허름한 집에서 잠을 자고 소박한 음식을 먹었다. 그곳에서 이틀 밤을 보내고 아빠는 자신의 의도대로 아들이 깨달았는지 궁금해서 물었다.

"아들아, 가난한 사람들이 어떻게 사는지 잘 봤지? 거기서 무엇을 배웠니?"

아들이 말했다.

"네, 아빠. 정말 좋았어요. 우리 집에는 개가 한 마리뿐인

데 그 집에는 네 마리나 있었어요. 우리 집 뒷마당에는 수영장이 한 개 있는데 그 집 뒤에는 끝없이 이어지는 개울이 있었어요. 우리 집에는 전등만 있는데 그 집에는 멋진 별들이 있었어요. 우리는 밤에 제각각 텔레비전을 보는데 그들은 모두 둘러앉아 재밌게 놀았어요. 아빠! 우리가 얼마나 가난한지 알게 해 주셔서 정말 고마워요."

행복이란 환경이나 소유에 근거하지 않으며 심지어 고통이 없는 상태도 아니다. 행복은 누구와 함께, 어떤 관계를 맺고 있는가에 달려 있다.

모세가 "이스라엘이여 너는 행복한 사람이로다"라고 선언할 수 있었던 근거는 다음의 두 고백 때문이다. 첫째는 신명기 33장 26절에 나타난 고백이다. "여수룬이여 하나님 같은 이가 없도다." 하나님과 같은 분은 없다고 고백하며 그분을 찬양할 수 있다면, 그는 행복한 사람이다. 둘째는 신명기 33장 29절에 나타난 고백이다. "여호와의 구원을 너같이 얻은 백성이 누구냐." 자신에 대하여 '하나님께 구원을 나처럼 받은 사람이 누구인가!' 하고 감격에 빠져 감사하고 고백하는 사람은 행복하다.

함께 삶을 누리는 배우자나 가족에 대해서도 마찬가지다. 상대방에게 "당신 같은 사람은 없습니다"라고 칭찬할 수 있고, 자신에 대하여는 "나처럼 당신 같은 이를 곁에 두는 복을 받은 사람이 누구인가!"라고 고백할 수 있는 사람은 행복하다. 공동체에서도 마찬가지이다. 서로의 지체에게 "당신 같은 이는 없습니다"라고 칭찬하고 "당신과 함께 공동체를 이루는 기쁨을 나만큼 누리는 이가 누구인가!" 하고 감사하며 고백할 수 있는 사람은 행복하다.

이 시대의 불행은 환경과 물질과 성취에서 행복을 얻으려 하는 데서 온다. 하나님과 가족, 그리고 이웃과 올바른 관계를 맺는 것이 행복의 시작이요 전부이다.

# 문제는
# 도덕이다

 

한때 유행하던 말이 있다. '바보야, 문제는 경제야!' 이
말은 마치 진리처럼 사람들의 뇌리에 간직되었다. 정치 지
도자들마다 경제 최우선 정책을 내놓지 않으면 권력은 물
건너간 일이 되어 버리니, 진짜 문제는 경제라는 말이 실감
이 났다. 권력도 경제 앞에 굴복한 셈이다.

그런데 정말 그런가? 이런 세태 속에서 '문제는 경제가
아니라 도덕이다'라고 말하면 아주 실없고 세상 물정 모르
는 이가 되는 것일까? 도덕 선생이나 하는 부질없는 훈수가
되는 것일까?

인간의 본성에는 책임과 권리 중 권리에 치우치는 무서
운 중력이 있다. 어떤 권리를 내려놓을 때는 또 다른 더 큰

권리를 보상받거나 바라는 경우도 있다. 스스로 권리를 내려놓고 더 많은 책임을 지려는 노력은 인간 본성을 거스르는 일이다. 그러한 마음을 가지는 이는 매우 적다.

'최소한의 도덕'이란 책임과 권리의 균형이다. 그 말은 인권도 책임 있는 도덕의 울타리와 견제 안에서만 보호될 수 있다는 것이다. 예를 들어 장성한 자녀들이 연로한 부모를 모시지 않을 수 있는 권리를 주장하고, 대주주가 직원에게 마땅히 제공해야 할 복지의 책임을 외면하면서 대주주의 권리만을 주장하고, 직원들은 업무의 책임은 외면한 채 과도한 보수만을 받길 바라고, 인류의 보편적 성윤리를 벗어난 성 인권을 주장하고, 생명을 보호할 책임보다 낙태할 권리를 주장하는 흐름으로 나아간다면 도덕에 심각한 균열이 일어난다.

도덕의 균열은 경제의 누수 현상으로 이어진다. 수많은 이익단체들의 마찰과 대립 때문에 발생하는 사회적 경제 비용은 말할 수 없을 정도로 크다. 이 모든 경제 비용은 드러나지 않을 뿐 대한민국이라는 배가 힘차게 앞으로 나가지 못하는 결정적 역풍이 되고 있다.

그렇다면 해결책은 '최대한의 도덕'을 지향해 보는 것이다. 그것은 사회 구성원 각자가 권리보다 책임을 더 우선적으로 생각하는 것이다. 자신의 권리가 짓밟혀도 침묵하라는 뜻이 아니다. 각자가 좀 더 책임 있는 권리 주체가 되자는 것이다. 복지는 더 많이 가진 사람들의 도덕적 책임, 즉 노블레스 오블리주가 지켜짐으로써 경제적 취약자들의 권리가 보호될 때 시작된다. 성장은 때로는 권리를 생각하지 않고 책임만으로 더 열심히 땀 흘릴 때 이루어진다.

C. S. 루이스(Lewis)는 《순전한 기독교》에서 도덕이 우주의 실마리를 풀 수 있는 열쇠라고 했다. 옳고 그름의 문제가 중요하다는 말이다. 그는 도덕은 세 가지 행동과 관련이 있다고 했다. 첫째, 각 개인이 서로 공평하게 처신하며 조화를 이루는 일과 관련이 있다. 둘째, 각 개인의 내면에 있는 것들을 정돈 또는 조화시키는 일과 관련이 있다. 셋째, 인류의 삶 전체가 지향하는 보편적인 목적, 즉 인간은 무엇을 위해 창조되었는가, 선단(船團)이 가야 할 경로는 무엇인가, 악단 지휘자가 연주하려는 곡은 무엇인가 하는 문제와 관련이 있다(《순전한 기독교》 홍성사 역본, p123). 그는 현대인들이 거의 언제나 첫 번째 사항만 생각할 뿐 나머지 두 가지 사항은 잊고 살고 있다고 지적했다. 나머지 두 가지 사항이 말하는 것은 각자의 내면을 정돈하지 않는 한 조종이 불가능할 정도의 배를 가지고 있는 선장에게, 다른 배와의 충돌을 피하는 조종법을 가르치는 일에 불과하다고 지적했다. 각 개인에게 책임지려는 용기, 희생하려는 이타심이 없으면 어

떤 경제적 개선책을 찾은들 다 뜬구름을 잡는 일에 불과하다는 것을 간파했다(앞의 책, p125). 여전히 부정직하며 횡포 부리기를 좋아하는 사람은 어떤 새로운 제도 하에서도 예전에 하던 짓을 계속할 새로운 방법을 반드시 찾아내고야 만다는 것이다.

도덕적 책임감이 되살아날 때 경제는 다시 살아나고 성장과 복지도 동시에 해결될 수 있다. 문제는 경제가 아니라 도덕인 것이다. 이를 위해서 기독교적 관점에서 도덕의 세 번째 요소는 가장 중요하다. 그것은 인간과 인간을 만드신 하나님과의 관계이다. 하나님은 도덕적인 하나님이시다. 하나님의 백성인 교회는 사회에 옳고 그름을 보여줄 수 있는 도덕적 공동체여야 한다. 권리보다 책임을 더 지는 모습으로 사회에 도덕적 영향력을 보여 주는 공동체가 되어야 한다.

# 앙심을 내려놓고
# 양심을 품다

동화 《피노키오》에서 피노키오는 늘 입바른 소리를 하는 귀뚜라미를 귀찮게 여겨 발로 밟아 죽여 버린다. 그런데 귀뚜라미는 유령의 모습으로 다시 나타나 "착하게 살라"고 끝없이 채근한다. 이것이 양심이다. 피노키오 작가는 '양심의 소리'는 결코 죽지 않는다는 메시지를 전하기 위해서 양심을 귀뚜라미로 묘사한 것이다.

우리 마음속에는 두 개의 마음이 숨어 있다. 양심과 앙심이다. 그중 양심은 하나님께서 창조하신 선하고 착한 마음이다. 인간이 하나님을 알아 가며 창조의 목적대로 살아가도록 기능해 주는 것이다. 타락으로 파괴되어 처음처럼 온전하지는 않지만 양심은 여전히 인간 내면에서 기능하여

삶의 옳은 방향을 가리켜 준다.

'양심'의 헬라어 '쉬네이데시스'(Suneidesis)는 '함께'를 뜻하는 '순'(Sun)과 '알다'를 뜻하는 '오이다'(Oida)의 합성어로, '함께 알다'는 뜻을 담고 있다. 영단어 '컨션스'(Conscience)도 어원을 보면 '무엇과 함께 안다'는 뜻이 있다고 한다. 양심은 우리가 스스로를 깨닫도록 도와주는 내적 지식인 것이다.

어느 아메리칸 인디언 부족은 양심을 인간의 마음속에 있는 삼각형으로 형상화했다고 한다. 나쁜 짓을 했을 때 가슴이 떨리고 불편한 것은 삼각형이 회전하면서 모서리가 심장 벽을 마구 찌르기 때문이라고 여겼던 것이다. 그런데 인생을 살면서 양심에 반하는 일을 반복하다 보면 날카로운 모서리가 모두 닳아 둥글어지고, 심장 벽에도 굳은살이 생겨서 아픔을 느끼지 못하게 된다고 한다. 그래서 그들은 어린아이의 양심은 삼각형으로, 어른들의 양심은 원형으로 표시했다고 한다.

믿음과 착한 양심을 가지라 어떤 이들은 이 양심을 버렸고 그 믿음에 관하여는 파선하였느니라 **딤전 1:19**

참된 믿음은 선한 양심을 따라 살게 한다. 믿음 없이 선한 양심을 가질 수 없고, 선한 양심 없는 믿음은 유지될 수 없다. 선한 양심이란 한 번도 죄지은 적이 없는 상태를 말하는 것이 아니다. 죄로 타락했지만 예수 그리스도의 피로 죄 사함을 경험하고 중생한 사실을 믿는 것이다. 십자가의 능력은 선한 양심이 살아나 옛 사람에 속한 양심이 능력을 잃게 한다. 성령의 능력은 양심이 하나님께서 의도하신 대로 기능하도록 역사하신다.

양심은 우리의 눈과 같다. 눈은 빛을 만들어 내지는 못하지만 빛을 통과시킨다. 즉 양심은 빛이 들어오는 창문으로 하나님의 음성을 들려주는 도구가 된다. 마치 피노키오의 귀뚜라미와 같다. 이 양심의 소리는 귀 기울이지 않으면 잘 들리지 않는다. 성령 안에 늘 거할 때만 점점 더 크게 들린다. 살아 계신 하나님께서 계속해서 양심을 통해 일하시기 때문이다. 하나님의 살아 계신 역사에는 언제나 선한 양심이 나타난다. 양심을 버린 자는 자신의 인격과 존엄성까지 버리고 악한 일에 몰두한다.

반면 앙심은 죄에서 생겨난 악한 마음이다. 이것은 분노를 일으키고 복수하게 하며 사탄의 도구가 되게 한다. 때로 앙심은 정의의 옷을 입고 나타나기도 한다. 어떤 때는 '양심 선언'이라는 이름으로 이루어지는 일이 불만에서 비롯된 '앙심 선언'일 때가 있다. 믿음이라는 이름으로 누군가에 대하여 앙심을 품고 격분하는 것이다. 참된 믿음이 아니다. 진정한 믿음은 양심을 품지 않는다. 독실한 믿음은 종교적인 의식과 절차에 까다로운 사람이 되는 것이 아니다.

신약에 양심이라는 단어가 서른두 번 나오는데 그중 스물한 번을 바울이 사용했다. 그는 양심의 사람이다. 양심은 수천수만 명의 증인과 같은 것이며, 그 무엇 앞에서도 두려움 없이 설 수 있게 해 주는 좋은 친구와 같다. 선한 양심은 바울처럼 때로 억울한 상황 속에서도 담대하게 하며, 진실하게 하며, 보복하지 않는다.

'선한 양심'을 따르지 않으면 그 양심이 점점 약해져서 '연약한 양심'이 되고, 연약한 양심은 '화인 맞은 양심'이 된다. 화인 맞은 양심이 곧 앙심이다. 앙심은 악을 행해도 담대하게 되고 나아가 악을 선이라 한다. 그러면서도 전혀 거리낌이 없다.

바울을 만난 총독 벨릭스는 양심이 살아나 복음을 받아들일 수 있는 기회가 있었으나 양심이 앙심에 의해 매몰되어 버렸다. 빌라도는 예수님의 무죄를 세 번씩이나 확언하고도 유대인들을 만족시키고 자신의 위치를 보전하기 위해 양심을 내버리고 앙심을 따랐다(행 24:10-27 참조).

참된 믿음의 삶이란 선한 양심을 따라 결단을 내리고 행동하는 삶이다. 선한 양심이 최종 판단을 내리도록 하려면 십자가 위에서 예수님의 죽음을 함께 경험하고 새로운 생명으로 양심이 살아나야 한다. 성령님의 역사로 양심을 따르는 담대함을 회복해야 한다.

> 하물며 영원하신 성령으로 말미암아 흠 없는 자기를 하나님께 드린 그리스도의 피가 어찌 너희 양심을 죽은 행실에서 깨끗하게 하고 살아 계신 하나님을 섬기게 하지 못하겠느냐 **히 9:14**

마틴 루터(Martin Luther)가 엄청난 핍박과 방해에 대항하여 종교개혁을 이끌어 갈 수 있었던 것은 그가 양심을 따라 행했기 때문이다. 그의 전기에 이런 고백이 나온다. "성경의 증거와 명백한 이성의 증거가 없고 내가 인용한 성경에 잘못된 것이 없다면, 또 하나님의 말씀에 매인 나의 양심이 허용하지 않는다면 나는 이 주장을 취소할 수 없습니다. 오 하나님 내가 여기 서 있나이다. 나는 이제 아무것도 할 수 없나이다. 나를 도우소서. 아멘."

우리도 바울이나, 마틴 루터처럼 믿음과 양심을 따라 살아갈 때 동일한 담대함과 능력을 체험할 수 있을 것이다. 우리 안에 있는 양심을 내려놓고 양심의 소리를 크게 듣고 순종하며 살아갈 때 아무리 억울한 상황에 처할지라도 하나님의 살아계심을 증거하는 증거자가 될 수 있을 것이다.

# 제자가 되지 않고
## 어떻게
## 그리스도인이라고 하는가?

이 시대 그리스도인들의 매우 위험한 생각은 예수님의 '제자'가 되지 않고도 '그리스도인'일 수 있다고 믿는 것이다. 예수님은 어떤 이유로든지 주님 앞에 나아오는 우리를 있는 그대로 받아 주신다. 그러나 거기에 머무르지 않기를 바라신다.

신약에서 그리스도인이라는 단어는 세 번밖에 나오지 않지만 제자라는 단어는 269번이나 나온다. 그리스도인이란 단어는 우리 스스로가 붙인 이름이 아니다. 예수님의 제자로 살아가는 사람들을 보면서 세상 사람들이 붙여 준 이름이다. 우리는 먼저 예수님을 닮은 제자가 되어야 한다. 스스로 제자가 되기를 힘써야 한다. 그러면 그리스도인이란 호칭은 저절로 따라붙는다.

역사적으로 예수님의 제자의 삶에 실패한 세 부류의 사람들이 존재한다.

첫째, 외형적으로는 모든 것을 버리고 따랐지만 내면으로는 예수님을 보여 주지 못한 사람들이다. 예수님께서 예루살렘으로 가시던 중, 사마리아의 한 마을로 경유하실 때 사람들의 배척을 받았다. 야고보와 요한은 예수님을 환영하지 않는 그들을 보고 흥분하여 예수님께 이렇게 말한다. "하늘에서 불을 불러 사람들을 멸망시켜 달라고 하는 게 좋겠습니다!" 예수님은 야고보와 요한을 책망하신다(눅 9:51-56 참조).

야고보와 요한은 예수님과 자신들을 환영하지 않는 사마리아 사람들은 하늘의 불로 멸망받아 마땅하다고 여겼다. 그들의 태도를 역사적으로 평가하면 정복주의(Imperialism)라 할 수 있다. 이런 시각의 사람들은 예수님을 받아들이지 않고 교회에 대하여 냉소적이면 하늘의 벌을 받아 마땅하다는 태도로 세상을 바라본다. 세상의 기독교에 대한 적대감을 동일한 적대감과 보복과 징벌로 맞대응하려는 것이다.

역사적으로 존재했던 수많은 종교전쟁은 교회가 야고보와 요한의 태도를 가지고 있었기 때문에 일어났다. 수많은 사람이 종교재판을 통해 화형이나 총살, 교수형을 당했다. 하늘에서 불이 내리지 않자 스스로 불을 만들어 사람들을 징벌한 것이다.

바울은 "우리의 싸우는 무기는 육신에 속한 것이 아니요 오직 어떤 견고한 진도 무너뜨리는 하나님의 능력이라"(고후 10:4)고 이야기한다. 종교의 미명 아래 이웃을 물리적으로 핍박하는 일을 한다면 그 삶은 더 이상 제자의 삶이 아니다. 하나님 나라는 고통 속에서도 온유와 인내로 확장되는 것이지 폭력과 혈기와 무력으로 이루어지는 것이 아니기 때문이다.

둘째, 스스로 제자가 되겠다고 나섰지만 제자도의 대가를 알자 포기한 사람들이다. 자진하여 '어디든' 함께 가겠다면서 예수님을 따르는 제자가 되겠다고 나선 사람들이 있다. 그러나 예수님께서 "인자는 머리 둘 곳이 없도다"(눅 9:58)라고 하시자 그들은 제자의 길을 포기했다. 이 사람들은 예수님을 따른다는 것이 어떤 삶을 의미하는지, 예수님의 제자가 된다는 것이 어떤 대가를 치러야 하는지 전혀 생각해 보지도 않고 무작정 제자가 되겠다고 나선 것이다. 이러한 부류의 사람들은 이런 단어를 잘 사용한다. '어디든', '언제든', '무엇이든' 등이다. 그러나 예수님을 따르는 대가에 대하여는 전혀 생각하지 않고 상관하지도 않는다.

이러한 태도를 맹목주의(Idolism)라고 할 수 있다. 예수님을 따르는 것을 마치 철없는 아이들이 연예인을 따라다니듯 했다는 것이다. 예수님은 결코 맹목적으로 자신을 따르는 수많은 무리로 만족하지 않으셨다. 예수님은 제자도의 대가를 정확하게 알고, 그럼에도 그 길을 따르는 제자를 원하셨다. 섣부른 고백으로 자신이 누구를 따르는 것인지도 모르고 맹목적으로 예수님의 제자인양 살아가지 말라는 것이다.

"호산나"를 외쳤던 군중들은 너무나 쉽게 "예수를 십자가에 못 박으라"고 외쳤다. 신앙에서 진실하지 않은 고백보다 더 위험한 것은 없다.

그렇다면 예수님을 따를 때 치러야 하는 대가는 무엇인가? 바로 자신을 부인하는 것이다. 이것이 값없이 구원받은 자에게 예수님께서 요구하시는 대가이다. 그리스도를 따르는 일에 있어서 제일 방해되는 것이 바로 나 자신이다. 나야말로 제자의 삶으로 살아가는 일을 제일 반대하고 나서는 사람이다. 그래서 예수님은 "아무든지 나를 따라오려거든 자기를 부인하고 날마다 제 십자가를 지고 나를 따를 것이니라"(눅 9:23)고 하셨다. 내 죄를 날마다 인정하고 십자가에 못 박는 대가를 치러야 한다.

셋째, 예수님의 부르심을 받고도 세상에 속한 것을 버리지 못해 따르지 못하는 사람이다. 예수님은 이들을 "쟁기를 잡고 뒤를 돌아보는 자"(눅 9:62)라고 평가하셨다. 쟁기를 잡았으면 앞으로 나가면서 밭을 갈아야 하는데 뒤를 돌아보고 있다는 것이다.

이런 마음가짐으로는 예수님을 따를 수 없다. 이러한 태도를 명목주의(Nominalism)라고 말할 수 있다. 명목상의 그리스도인으로만 살고 싶은 것이다. 때로 가족이, 사랑하는 사람이 원하지 않고 동의하지 않으면 그것을 뿌리치면서까지 그리스도를 따르는 길을 가고 싶지 않은 것이다.

A. W. 토저(Tozer)는 복음주의 기독교회 전반에 생겨난 확연한 이단이 있다고 했다. 토저는 그들을 이렇게 설명한다. "그저 구세주가 필요해서 그리스도를 자진해서 영접할 수는 있으나 그분을 주님으로 삼아 순종하는 일은 우리가 원할 때까지 미룰 권리가 있다는 개념이 널리 용인되고 있다."

명목상의 그리스도인들에게서 가장 많이 들을 수 있는 말은 '하지만'이다. '예수님을 따르겠습니다. 하지만…'이라는 말이 많아지면 교회는 능력을 잃는다. 찰스 스펄전(Charles Spurgeon)은 이를 가리켜 '부러진 고백'이라고 표현했다. 예수님을 따르겠다고 고백했지만 우리 안에 수많은 변명과 이유를 들어 그 고백을 부러뜨리고 있다는 것이다. 예수님은 그들의 입에서 나오는 변명 대신 속마음에 있는 하고 싶지 않은 이유들을 보신다. 혹시 하고 싶지 않은 것을

'할 수 없이'라는 변명으로 포장하고 있지는 않은가?

하나님 나라의 긴박함은 긴박한 제자도를 요구한다. 결코 물러설 수 없고 포기할 수 없고 변명할 수 없는 긴박함이다. 잘못된 종교적 교만으로 세상을 정복하려는 태도, 아무런 대가를 치르려 하지 않는 맹목적인 태도, 긴박한 하나님 나라보다 먼저 세상의 것을 추구하고 놓지 않으려는 명목상 신앙인의 태도를 내려놓고 참된 예수님의 제자의 길을 걸어갈 수 있어야겠다.

# 못 본 체하고 싶어지는
## 그때
## 하나님이 주목하신다

|                    ▼ | 🔍 |

 

하나님께서 이스라엘 백성에게 주신 구약의 윤리법은 이웃 사랑을 적극적으로 행할 것을 명령하고 있다. 무엇을 '해라, 하지 말아라' 하는 명령법만 주신 것이 아니라, 구체적인 판례법들을 제시하셔서 이웃 사랑을 피하지 않고 적극적으로 실천하도록 명령하신다. 이러한 구약의 율법은 당시 다른 민족들의 법과는 비교할 수 없을 정도로 탁월하며, 현대사회의 법들과 비교해 보아도 훨씬 뛰어난 윤리성을 보여 준다. 특히 생명에 대한 사랑과 배려가 구절마다 스며들어 있다.

신명기 22장 말씀을 보자. 구체적인 여러 예시를 들어 생명 존중과 사랑의 계명을 말씀하신다. 주제를 따른 논리적 순서 없이 아무렇게나 나열된 것처럼 보이지만 그렇지 않다. 자세히 묵상해 보면 일관된 흐름과 주제가 보인다. 예를 들어 1-4절은 십계명 중 '살인하지 말라'는 계명에 대한 해설이다. 이 계명은 단순히 사람의 목숨을 죽이지 말라는 말씀처럼 보이지만 예수님께서는 '생명을 사랑하라'는 말씀으로 해석하셨다.

> 옛 사람에게 말한 바 살인하지 말라 누구든지 살인하면 심판을 받게 되리라 하였다는 것을 너희가 들었으나 나는 너희에게 이르노니 형제에게 노하는 자마다 심판을 받게 되고 … **마 5:21-22**

예수님은 형제를 향해 분노하면 살인한 것이라고 말씀하셨다. 이는 곧 '살인하지 말라'는 계명에 담긴 생명의 가치와 존엄성을 말씀하신 것이다. 우리는 이웃의 어려움과 아픔에 대하여 어떻게 반응하는가? 내 옆의 형제는 분노로 마음 상하게 해서는 안 될 정도로 존귀한 존재라는 사실을 인정하는가?

그렇다면 우리는 생명을 사랑하라는 주님의 명령에 어떻게 응답하고 순종할 것인가를 고민해야 한다. 그 비결은 누군가 도움이 필요한 사람이 보이면 지체하지 않고 도움을 베푸는 것이다. 선한 일을 해야 할 때에 머뭇거리다가 기회를 놓쳐 버린 경험이 있는가? 언제나 행할 수 있는 선행도 있지만 때를 놓치면 행할 수 없는 일도 있다. 사랑도 마찬가지다. 누군가 사랑을 필요로 하는 바로 그때 머뭇거리지 말고 손을 내밀어야 한다. 사랑은 타이밍이 중요하다. 머뭇거리다가는 영영 그 기회가 사라져 버릴 수 있다.

2001년 9월 11일 세계무역센터 건물이 무너질 때 그라운드 제로에서 찍은 감동적인 사진이 있다. 이 사진은 '아메리칸 피에타'로 불리는데, 소방관 네 명과 경찰관 한 명이 뉴욕 소방서 사목인 마이칼 저지 신부의 시신을 옮기는 장면을 담았다. 마이칼 저지 신부는 죽어 가는 동료 소방관을 위해 마지막 기도를 해 주다가 떨어지는 건물 파편에 맞아 자신도 죽음을 맞았다. 이 사진에 '아메리칸 피에타'라는 제목이 붙은 이유는 죽은 신부의 모습이 바티칸 성 베드로 대성당에 있는 미켈란젤로의 조각품 '피에타'와 흡사하기 때문이다. 이 작품에는 마리아의 무릎 위에 예수님의 시신이 축 처진 채 누워 있다.

'피에타'는 이태리어로 '긍휼'을 뜻한다. 어떤 사람을 긍휼의 마음으로 바라보며 관심을 표할 때 피에타라는 단어를 사용한다. 이 소방서 사목에게는 피에타가 있었다. 내 목숨을 위해 당장 도망쳐야 하는 그 긴박한 순간에도 죽어 가는 한 사람을 위한 기도를 포기하지 않았기 때문에 그는 죽어야 했던 것이다. 그의 선택을 어리석다고 말할 수 있을까?

> 네 형제의 소나 양이 길 잃은 것을 보거든 못 본 체하지 말고 너는
> 반드시 그것들을 끌어다가 네 형제에게 돌릴 것이요 … 나귀라도 그
> 리하고 의복이라도 그리하고 형제가 잃어버린 어떤 것이든지 네가
> 얻거든 다 그리하고 못 본 체하지 말 것이며 네 형제의 나귀나 소가
> 길에 넘어진 것을 보거든 못 본 체하지 말고 너는 반드시 형제를 도
> 와 그것들을 일으킬지니라 **신 22:1-4**

'못 본 체하지 말라'는 말씀이 반복되고 있다. 어려움에
처한 사람을 보고 그냥 지나치지 말라는 말이다. 하나님은
우리가 그냥 지나칠 수 있는 그 순간을 주목하신다. 이와 비
슷한 말씀이 출애굽기에도 등장한다. 여기에서는 형제 대
신 원수를 두고 말씀한다.

> 네가 만일 네 원수의 길 잃은 소나 나귀를 보거든 반드시 그 사람에
> 게로 돌릴지며 네가 만일 너를 미워하는 자의 나귀가 짐을 싣고 엎
> 드러짐을 보거든 그것을 버려두지 말고 그것을 도와 그 짐을 부릴지
> 니라 **출 23:4-5**

내 앞에 어려움에 처한 사람이 원수라면 우리는 무시하

고 그냥 지나치고 싶다. 길 잃은 소나 나귀가 내 원수의 것이라면 못 본 체하고 싶다. 심지어 몰래 데려다가 도살장으로 보내고 싶을지도 모른다. 그러나 원수의 소유일지라도 소중히 여기고 그에게 돌려주는 사랑의 태도를 가져야 한다는 것이다.

그냥 지나쳐도 법적으로는 전혀 문제 되지 않는 많은 상황이 있다. 이웃을 사랑하지 않고도 준법 시민으로 칭찬받으며 살 수 있다. 그러나 하나님의 법에는 저촉된다. 하나님께서는 사랑의 법을 제정하실 때 순간 지나칠 수 있는 경우까지 제시하셨다. 구약의 율법은 아주 탁월한 윤리법이다.

우리가 어떤 상황에서든 못 본 체하지 않고 즉시 도움의 손길을 뻗기 위해서는 미리 준비된 마음이 있어야 한다. 어떤 상황에 대한 법조문을 찾아보고서야 행동에 옮기는 것이 아니다. 나도 모르게 반사적으로 반응할 수 있는 마음의 태도를 가지고 있어야 한다. 사랑이란 순간의 선택으로 이루어진다. 물론 오랜 시간 준비하여 사랑을 표현해야 하는 경우도 있다. 그러나 매일 우리가 맞이하는 만남 속에서, 그 순간 이루어지는 선택에서 사랑이 나타나야 한다.

우리는 이웃 사랑의 계명을 삶에 적용할 때 이웃에게 해를 끼치는 나쁜 행동이나 악한 일을 하지 않았다는 것으로

빈자리를 메우려고 한다. 그러나 이는 사랑의 소극적인 면일 뿐이다. '해가 되는 일을 하지 않은 것'과 '이웃 사랑'이 완전한 동의어는 될 수 없다.

선한 사마리아인의 비유는 어느 율법 교사가 예수님께 "네 이웃을 네 자신같이 사랑하라"는 말씀을 듣고 "그러면 내 이웃이 누구니이까?"라고 물은 데서 나온 이야기다. 한 강도 만난 사람이 도움을 필요로 하고 있을 때 세 사람이 지나갔다. 그들은 모두 강도 만난 사람을 도울 수 있었다. 그런데 제사장과 레위인은 그냥 못 본 체하고 지나갔다. 시체를 만지면 부정해진다는 율법이 있으니 자칫 제사를 집례할 수 없을까 봐 그랬다고 자신의 행동을 합리화했을지 모른다. 어쩌면 예루살렘에 돌아가서 사람을 보내야겠다고 생각했을 수도 있다. 그러나 그들은 두 가지를 간과했다. 첫째, 그 강도 만난 사람이 정말 죽었는지 확인조차 하지 않았다. 둘째, 사랑을 명령하고 있는 율법을 어겼다. 그러나 사마리아인은 달랐다. 그는 도움을 필요로 하는 사람을 본 즉시 앞뒤 재지 않고 손을 뻗어 사랑을 베풀었다.

율법 교사의 "내 이웃이 누구니이까?"라는 질문에는 우리가 도움을 베풀어야 할 순간을 피해 가는 교묘한 작전이 숨어 있다. 이웃에 대한 정의가 분명하지 않아서 도와주지 못한다는 것이다. 순종의 마음이 없으면 늘 질문이 많아진다. 그러나 예수님은 이 질문을 이렇게 바꾸셨다. "누가 강도 만난 자의 이웃이 되겠느냐?" 이 두 질문은 시각이 전혀 다르다. 율법 교사의 질문이 자기중심적, 수동적 태도에서 나온 것이라면, 예수님의 질문은 '내가 누군가에게 어떤 이웃이 되어 주어야 하는가?' 하는 이타적 태도에서 나온 것이기 때문이다.

이웃이 누구인지 몰라서 사랑하지 못하는 것이 아니다. 사랑하려는 마음이 없기 때문에 이웃이 보이지 않는 것이다. 예수님은 내가 도울 수 있는 사람이 있다면 곧 내가 그 사람의 이웃이라고 말씀하신다. 사랑 없이 세상을 바라보는 사람에게는 절대 도움이 필요한 이웃이 보이지 않는 법이다. 내 도움이 필요한 사람이 보이는가? 그렇다면 사랑의 법을 따라 살아가고 있는 것이다. 사랑의 마음이 내면에 가득해야 도움이 필요한 사람에게 기꺼이 손을 내밀어 줄 수 있다.

# 정의는
# 조건 없는
# 사랑에서 나온다

1948년 10월, 두 아들을 잃은 아버지가 있었다. 폭도들의 공격에 무참히 살해당한 것이다. 살해범이 체포되었지만 아버지는 그가 벌 받기를 원하지 않았다. 오히려 살해범에 대한 구명 요구를 통해 그의 목숨을 구해 주었다. 게다가 그 살해범을 자신의 양아들로 삼았다. 손양원 목사님의 이야기다. 어떤 아버지가 아들의 죽음 앞에서 비통하지 않겠는가! 그러나 "원수를 사랑하라"는 그리스도의 말씀을 몸소 실천한 손양원 목사님의 삶은 지금도 우리에게 살아 계신 그리스도의 십자가 사랑을 전해 주고 있다.

그 감동을 다시 한번 느낄 수 있는 사건이 있었다. 2017년 9월, 철원에서 발생한 총기 사고로 어느 상병이 사망했는데, 그의 아버지가 이렇게 입장을 밝힌 것이다. "빗나간 탄환을 누가 쐈는지 알고 싶지 않다. 그 병사도 나처럼 아들을 군대에 보낸 한 부모의 자식 아니겠는가. 더 이상의 희생과 피해를 원치 않는다." 이 아버지의 말이 우리에게 경종을 울린다. 아들을 잃은 끔찍한 고통 속에서 또 다른 누군가가 자신과 같은 고통에 빠질 것을 배려한 것이다.

철원 총기 사고는 군이 사격장 안전관리와 통제에 부실한 점이 있으며 앞으로 보완해야 할 과제가 많음을 알게 한 사건이었다. 잘못한 것은 지적받아 마땅하지만 사고 이후에 유가족들의 마음을 위로하고 장례를 무사히 치를 수 있도록 정성껏 도운 군부대의 조치는 주목할 만하다. 아버지의 말에 따르면 부대에서 조사 결과를 숨김없이 설명해 주고 사단장부터 부사관들까지 장례식을 잘 치를 수 있도록 정성을 다해 지원해 주었으며 현충원 안장과 순직 처리 절차도 불편함 없이 진행되도록 노력했다고 한다. 이러한 정성과 노력에 아버지도 부대 측에 고맙다는 말을 전했다고 한다. 유가족에게 원망의 대상이 될 수도 있었던 군이 진실한 마음으로 아버지의 마음을 되돌릴 수 있었던 것이다. 이는 군부대 지도자들이 동일한 아버지의 마음을 품고 있었기 때문에 가능했던 일이었다고 생각한다.

2018년 서울중앙지방법원은 어느 헌법재판관을 살해하

겠다는 협박 글을 인터넷에 올린 혐의로 재판에 넘겨진 대학생에 대하여 공소기각 결정을 내렸다. 그 헌법재판관이 가해자를 용서하며 그에 대한 처벌을 원하지 않는다고 법원에 알려 왔기 때문이다. 협박죄는 피해자가 처벌할 의사가 없으면 처벌할 수 없는 '반의사불벌죄'(反意思不罰罪)다. 재판관은 죄질이 절대 가볍지 않음에도 피해자의 처벌 불원서에 의해 처벌할 수 없는 사건이라는 것을 분명히 하면서 가해자에게 "피고인 본인이 잘해서 처벌 안 받는 게 아니에요!" 하고 꾸짖는 것으로 사건을 마무리했다고 한다. 헌법재판관은 자식과 같은 가해자의 살해 위협을 너그럽게 용서하고 그가 새롭게 인생의 변화를 경험할 기회를 줌으로써 사랑과 긍휼을 베풀었다.

우리 사회에 크고 작은 사고가 발생하면 너나없이 원인 제공자를 비난하고 질책한다. 그리고 그에게 상응한 책임을 묻는다. 사고에 대한 세상의 대응 방법은 그것이 원칙일 만큼 획일화되어 있다. 그러나 처벌만이 세상을 밝게 만드는 것은 아니다. 엄격한 법 집행만이 정의를 세울 수 있는 것도 아니다. 때로는 타인에 대한 배려와 사랑이 더욱 건강한 사회를 만든다.

올바로 살아야겠다는 마음의 욕구 없이 정의는 세워지지 않는다. 그런데 올바로 살아야겠다는 마음의 욕구는 놀랍게도 무서운 법적 처벌보다는 조건 없는 용서, 상상할 수 없는 은혜를 경험할 때 생긴다. 정의가 사랑으로부터 나온다는 것이다. 도리어 무서운 법적 처벌은 대가를 다 치렀다는 마음에서 또 다른 복수심으로 변할 수 있다. 어려서부터 엄격한 법에 근거하여 처벌을 경험하며 자란 사람은 정의의 한 측면만을 강조하는 무서운 사람이 될 수 있다. 적절한 용서와 무조건적인 은혜를 경험하며 자란 사람이 온전한 정의를 보여줄 수 있다. 진정한 정의는 따듯한 것이기 때문이다.

이 시대는 정의가 가장 따듯한 단어라는 것을 보여줄 수 있는 지도자를 필요로 한다. 아들을 죽인 원수를 도리어 아들로 삼고 사랑한 아버지, 아들에게 총을 쏜 사람이 누군지 알고 싶지 않다는 아버지, 죽이겠다고 협박한 가해자를 용서한 전 헌법재판관… 그들의 마음이 우리 사회에 절실히 필요한 때다.

# 우리는
# 두려움 때문에
# 가면을 쓴다

| | ▼ | 🔍 |

베스트셀러 작가이자 정신과 의사인 스캇 펙(Scott Peck)은 이런 말을 했다. "우리는 인생 대부분의 시간을 가짜 공동체(Pseudo-community) 속에서 보낸다." 즉 우리는 내 진실한 모습이 아니라 실제 나와는 다른, 거짓된 모습으로 관계를 맺으며 살아가고 있다는 것이다.

다른 사람 앞에서 내 모습을 감추기 위해 사용하는 것을 가리켜 '관계의 가면'(Relational Mask)이라고 부른다. 이것은 단지 거짓으로 꾸미는 것과는 다르다. 스스로 고통받지 않기 위해서 어린 시절부터 타인과 관계를 맺을 때 사용해 온 유형을 말하는 것이다. 관계의 가면은 실제 자신을 감춘다. 때로는 그것이 장벽이 되어 다른 사람을 깊이 알 기회를 놓치기도 한다. 더 큰 문제는 자신이 어떤 가면을 사용하는지 조차 모른다는 것이다.

우리가 잘 쓰는 첫 번째 가면은 관계에 굶주린 나머지 그 속에 자신을 숨기는 것이다. 이러한 유형의 사람은 관계 자체를 가면으로 삼는다. 관계에 대한 욕망이 탐욕스러울 정도로 강하다. 마치 폭식증 환자와 같다. 관계에 지나치게 몰두하면서 의미 없는 관계들로 배를 채운다. 그들은 끊임 없이 사람을 만나 관계를 맺고 다른 사람을 기쁘게 하려는 데 노력을 아끼지 않는다.

그러나 그 안에서는 결코 만족을 누리지 못한다. 그들이 맺는 관계는 기쁨이 아니라 두려움에서 이루어지는 것이 다. 그리고 그 두려움은 인정받고 싶은 마음에서 온다. 사람들 사이에 있어야만 안정감을 느끼는 것이다. 만약 내가 이런 유형의 사람이라면 디트리히 본회퍼(Dietrich Bonhoeffer)의 말을 기억해야 한다. "홀로 있지 못하는 사람은 함께 있는 것을 조심해야 한다."

사람들에게 인정받고자 하는 마음은 결국 교만에서 나온다. 교만한 사람은 모든 사람이 자신을 인정해야 한다는 생각에 사로잡혀 있다. 타인이 나를 인정해 주어야 그와 관계를 맺을 수 있다고 생각한다. 그러나 이것은 교만이다. 이런 사람들은 타인의 인정을 얻기 위해 표면적이고 피상적인 것에 집착한다. 그 결과 마땅히 친밀해야 할 하나님과 가족으로부터는 점점 멀어지고 피상적 관계여야 할 타인으로부터 친밀감을 얻으려고 한다. 결국 관계에 문제가 생기게 되는 것이다.

우리가 잘 쓰는 두 번째 가면은 성공과 업적이라는 가면이다. 관계로 인정받으려는 유형과 정반대이다. 이러한 유형의 사람은 관계에 있어서 거식증 환자와 같다. 이들은 친밀한 관계는 고통만 가져다줄 뿐이라고 생각한다. 그래서 누구를 만나든 언제나 거리를 두고 보호막을 친다. 관계에 대한 두려움 때문에 누구와도 관계가 깊어지는 것을 원하지 않는다.

이들은 대신 성공이라는 업적만 추구한다. 사람들에게 사랑받기 위해서는 실력이 뛰어나야 하고 일을 완벽하게 해내야 한다고 생각하는 것이다. 성공을 위해 관계를 희생시키는 것이다.

고든 맥도날드(Gordon MacDonald)는 《내면세계의 질서와 영적 성장》에서 "열심이 불타는 사람 중에는 통제가 안 되는 성취 욕구에 사로잡힌 경우를 많이 볼 수 있다. … 가까운 사람들과 만날 시간조차 내지 못한다. 하나님과의 관계는 고사하고 부부, 가족, 친구들과 보통의 관계를 유지할 수 없을 정도로 바쁘다"라고 했다.

위의 두 유형의 사람들에게는 공통점이 있다. 친밀한 관계를 갈망하면서도 동시에 두려워한다는 사실이다. 그들이 가면을 쓰는 이유가 여기에 있다.

다윗은 시편 131편 2절에서 관계의 가면을 벗었을 때 누리게 된 안정감을 고백하고 있다. "실로 내가 내 영혼으로 고요하고 평온하게 하기를 젖 뗀 아이가 그의 어머니 품에 있음 같게 하였나니 내 영혼이 젖 뗀 아이와 같도다"

갓난아기 때는 엄마와의 관계가 모든 인간관계를 결정 짓는다. 엄마 품에 안겨서 영양과 함께 사랑을 공급받으며 관계의 친밀함을 경험한다. 겉으로는 배고파서 우는 것 같지만 사실은 친밀함에 대한 욕구를 채우고 싶은 것이다. 갓난아기를 엄마가 충분히 안아 주고 충분한 영양분을 공급해 주면 관계에 대한 굶주림 없이 안정감이 있는 사람으로 자라게 된다.

시편에서 다윗이 말하는 '젖 뗀 아이'는 혼자 걷고 말할 수 있는 정도의 아이다. 그 정도의 아이가 여전히 안정감을 위해 엄마 품을 찾는 것은 세상이 두려워 엄마와 떨어지지 않으려고 하는 집착 같은 것이 아니다. 마음의 평온과 안정을 찾기 위한 친밀한 사랑의 갈구인 것이다.

우리가 음식에 대한 욕구를 거부할 수 없듯이 관계에 대한 욕구 또한 거부할 수 없다. 관계는 음식과 같이 우리의 삶에 필수적인 것이기 때문이다. 음식에 집착해서도, 거부해서도 안 되는 것처럼 우리는 관계에 집착해서도, 거부해서도 안 된다. 건강한 관계는 서로를 필요로 하면서도 동시에 서로에 대해 자유롭다. 젖을 뗀 아이가 엄마 품에 안겨 있다가도 곧 박차고 일어나 뛰어 나가 놀려 하는 것과 마찬가지이다. 나의 어떠함을 드러내기 위해 타인을 이용하는 식의 관계를 맺지 말고 상대방을 세워 주는 관계를 맺어야 한다. 함께 있으나 집착하지도 않고 서로 불편해하지도 않으며 마음에 평온함이 있는 관계가 되려면 가면을 벗어야 한다.

# 마음이 가난한 자에서
# 핍박 받는 자로
# 성숙하라

산상수훈은 하나님 나라에 들어가기 위해서 지켜야 하는 법이 아니다. 이 땅에 살지만 하나님 나라에 이미 들어간 사람들에게서 나타나는 성품과 마음의 상태를 말씀한 것이다.

산상수훈의 핵심은 '하늘이 땅에서 열렸다'는 것이다. 그중 마태복음 5장의 팔복은 이 땅에서 하나님 나라에 들어간 사람이 누리는 여덟 가지 복이다. 이 여덟 가지 목록을 잘 실천하면 복을 받을 수 있다는 말씀이 아니라, '이 땅에서 하나님 나라를 경험하고 있는 사람들은 이러한 모습인데, 참 복되다!'라고 말씀하시는 것이다. 어떤 특별한 성자로 존경받는 사람들이라야 보여 줄 수 있는 모습이 아니다. 회개하여 하나님 나라에 들어간 모든 성도에게서 나타나는 모습이다.

> 심령이 가난한 자는 복이 있나니 천국이 그들의 것임이요 **3절**

마음이 부유한 사람은 스스로 부족한 것이 없다고 생각하지만, 사실은 천국을 잃어버렸기에 아무것도 없는 가난한 사람이다. 그러나 마음이 가난한 사람은 천국을 소유했기에 모든 것을 가졌다. 우리는 모두 마음의 가난함으로 예수 그리스도 앞에 나아오게 되었고 하나님 나라의 백성이 되었다.

> 애통하는 자는 복이 있나니 그들이 위로를 받을 것임이요 **4절**

세상은 슬픔 속에 있는 사람을 결코 복되다고 말하지 않는다. 즐겁게 웃고 기쁘게 사는 것을 복되다고 말한다. 그런데 이 땅에서 하나님 나라를 사는 사람들에게는 슬픔이 있다. 이 슬픔은 마음이 가난해서 나오는 슬픔이다. 가난한 마음은 언제나 자신의 죄에 대하여 슬퍼하는 것이다. 그러니 두 번째 복은 첫 번째 복의 결과라 할 수 있다. 하나님께서 구하시는 제사는 상한 심령이라고 했다(시 51:17).

마음의 가난함으로 시작하여, 자신의 죄를 슬퍼하는 사람은 온유해진다. 즉 온유 역시 앞서 말한 복의 결과다.

온유함이란 무엇인가? 하나님의 뜻이 아무리 힘들고 어려울지라도 그 뜻에 온전히 복종할 수 있는 힘이다. 하나님께 반항하고 대들고 따지는 태도가 아니라 하나님의 섭리를 순종하며 받아들이는 부드러운 마음이다.

의에 주리고 목마른 자는 복이 있나니 그들이 배부를 것임이요  **6절**

복의 각 단계는 다음 단계를 이끌고 온다. 마음이 가난한 자는 슬퍼하는 자이며, 슬퍼하는 자는 마음이 온유해지며, 온유한 마음으로 하나님과 사람 앞에 서는 자는 의에 주리고 목마른 자가 되는 것이다. 육체적으로 죽은 자는 육의 배고픔과 목마름을 느낄 수 없듯이, 영적으로 죽은 자는 아무런 영적 배고픔과 목마름을 느끼지 못한다. 그러나 성령으로 새롭게 태어난 사람은 영적인 배고픔과 목마름을 느끼기 시작한다. 살아 있다는 것은 배고픔과 목마름을 느끼는 것이다.

긍휼히 여기는 자는 복이 있나니 그들이 긍휼히 여김을 받을 것임이
요 **7절**

긍휼히 여긴다는 것은 곧 자비다. 자비란 무엇인가? 비참한 상황 가운데 있는 사람을 못 본 체하지 않고 그에게 사랑을 베푸는 행위다. 이것은 공감이나 동정으로 그치지 않는다. 행동함으로 함께 그의 고통에 참여하는 것이다.

우리가 자비로운 사람들이라면 다른 사람을 용서할 수 있을 것이다. 자신이 하나님의 자비와 긍휼을 입어 용서받은 사람이라고 생각한다면 우리는 다른 사람의 죄에 대하여 자비할 수 있을 것이다. 만일 자비를 베풀지 못한다면, 그것은 하나님의 자비를 아직 이해하지 못한 것이고, 아직 하나님의 용서를 깨닫지 못하고 있는 것이다.

마음이 청결한 자는 복이 있나니 그들이 하나님을 볼 것임이요 **8절**

여섯 번째 복은 마음이 깨끗한 자는 하나님을 볼 수 있는 눈을 가진다는 것이다. 인간은 살아가며 수도 없이 많은 것들을 본다. 그중에서 가장 중요한 것은 하나님을 보는 일이다. 이 땅에서 하나님 나라를 사는 사람들은 하나님을 볼 줄 안다. 그들은 누군가를 볼 때 그를 다스리시는 하나님을

본다. 역사의 흐름을 볼 때에도 단순한 사건들 너머 그 역사를 주관하고 계신 하나님을 본다.

> 화평하게 하는 자는 복이 있나니 그들이 하나님의 아들이라 일컬음을 받을 것임이요 **9절**

평화를 이루는 사람이 되려면 먼저 마음이 깨끗해야 한다. 여섯 번째 복을 받은 사람만이 일곱 번째 복을 경험할 수 있는 것이다. 야고보서 3장 17절은 "오직 위로부터 난 지혜는 첫째 성결하고 다음에 화평하고…"라고 했다. 청결한 자가 화평케 하는 자라는 예수님의 말씀과 일치한다.

평화는 의를 포기하고 얻는 타협이 아니다. 두 사람이 서로 잘못했으니까 없던 일로 덮고 과거를 묻지 않는 것이 평화가 아니다. 서로의 죄와 실수, 잘못을 깨닫고 하나님 앞에 내어 놓고 바로잡는 것이 평화이다.

> 의를 위하여 박해를 받은 자는 복이 있나니 천국이 그들의 것임이라 나로 말미암아 너희를 욕하고 박해하고 거짓으로 너희를 거슬러 모든 악한 말을 할 때에는 너희에게 복이 있나니 기뻐하고 즐거워하라 하늘에서 너희의 상이 큼이라 너희 전에 있던 선지자들도 이같이 박해하였느니라 **10-12절**

예수님을 본받아 살 때 우리는 결코 세상으로부터 대접받지 못한다. 성품이 예수님을 닮아 가고 예수님처럼 살 때 우리는 예수님이 받으셨던 것과 똑같은 대접을 받게 된다. 예수님보다 더 화평케 하는 자는 없었다. 예수님처럼 사랑과 자비가 많으시고 평화로운 분이 많은 박해를 받으셨다면, 우리는 얼마나 더 많은 박해를 받겠는가?

같은 '도'를 연주하더라도 1옥타브 아래 도와 위의 도를 연주하면 그 소리의 울림과 깊이는 전혀 다르다. 똑같은 하나님 나라지만 마음이 가난한 상태에서의 하나님 나라와 의를 위하여 핍박을 받는 상태에서의 하나님 나라는 그 깊이가 다른 것이다. 의를 위하여 핍박을 받는 상태의 하나님 나라는 이 땅에서 누릴 수 있는 최고의 깊이다. 우리에게 주어진 숙제는 마음의 가난에서 누리는 천국에 머물지 않고 더 성숙하여 의를 위하여 핍박받는 천국에 이르는 것이다.

# 성공이 아니라
## 섬김이다

|                                    | ▾ | 🔍 |

2018년 4월 6일 아침, 김영애 권사님으로부터 연락을 받았다. 두 분의 권사님을 꼭 만나 기도해 달라는 내용이었다. 오후에 두 분을 만났다. 하얀 머리카락을 단정하게 커트한 85세 권사님이 72세 사촌동생과 함께 오셨다. 영적 기품이 느껴지는 분들이었다. 이분들의 사연은 한인 이민자들의 애환을 그대로 담고 있었다.

"저희는 사촌인데 1975년 미국으로 함께 이민을 갔습니다. 가진 거라고는 전화 한 통 겨우 걸 수 있는 동전이 전부였어요. 저희를 마중 나온 지인은 우리를 봉제공장으로 안내했어요. 그곳에서 도시락 하나로 하루 끼니를 해결하고 종일 물로 허기를 달래면서, 오후에 간식으로 주는 눈썹만큼 얇은 메론 한 조각을 껍질 채 다 먹었지요. 일한 만큼 월급을 받으니까 하루에 두세 시간 자고 죽기 살기로 일만 했어요. 그러다 이듬해에 제가 결국 과로로 쓰러져 입원을 했어요. 그때가 40대 초반이었는데 병이 난 거지요. 영양실조였어요. 동생은 미용학교에서 기술을 배워 미용실을 냈지요. 우리가 피땀 흘려 번 돈으로 미국에서 처음으로 집도 샀어요. 그러던 어느 날, 이렇게 살다가 하늘나라 가면 하나님이 '넌 재봉틀만 돌리다 왔구나' 하실 것 같았어요. 그날로 우리 자매는 선교사로 헌신하기로 했어요. 우리는 말이 통하는 조국에서 섬기기로 했어요. 현지 교회의 어느 장로님은 한국 가는데 무슨 선교사냐며 반대했지만, 목사님은 한국도 선교지라며 우리를 파송해 주셨어요."

그때부터 두 분은 한국의 한 요양기관에서 18년 동안 자비량으로 봉사했다. 그러다가 이제 하나님께서 허락하셔서 미국으로 돌아가는데, 그 전에 중요한 결정을 하게 되었다. 평생 피땀 흘려 모은 전 재산을 한동대학교에 기증하기로 결정한 것이다.

"저희가 살던 미국 집을 팔아 오래 전 서울에 아파트를 샀는데, 그 아파트 한 채와 평생 모은 돈이 한화 6억 5천만 원, 미화 29만 5천 달러입니다. 이 전 재산을 한동대학교에 기부하겠습니다. 저희의 눈물과 땀을 이곳에 심습니다. 이제 하나님이 싹 틔우시고 가지를 무성케 하셔서 많은 젊은 청년에게 열매 맺게 하시면 그보다 더 큰 보람이 또 어디 있겠습니까!"

지난해 말, 두 분은 미국에서 뜻밖에 기쁜 소식을 들었다. 7년 전에 미국 정부가 지원하는 노인복지 아파트 입주를 신청했는데, 최종적으로 승인되었다는 것이다. 하늘의 별 따기라 할 만큼 대기자가 정말 많은데 하나님의 손길과 예비하심으로 허락 받았다는 것이다.

"저희는 노후 걱정 안 합니다. 미국 돌아가면 하나님이 다 주실 텐데요. 100원 주시면 100원 쓰고, 50원 주시면 50원 쓰면 돼요. 절약 생활은 몸에 뱄습니다. 행여 노숙자가 된다 해도 하나님이 먹여 살리실 테니 걱정 없어요. 미국 정부에서 나오는 지원금이 우리 둘 합해서 1,200달러 정도 되니 아파트 값 내고 절약하면 넉넉하게 살 수 있어요. 돈은 안 쓰니까 모이더라고요. 지금까지 그렇게 살았습니다. 웬만한 옷은 줄이거나 늘려 입고, 1~20달러짜리 외엔 비싼 옷을 평생 사 입은 적이 없어요. 외식 한 번, 여행 한 번 못 했지만 충분히 행복하게 살았습니다. 처음엔 이중 얼마를 떼서 미국 갈 때 필요한 물건들을 좀 살까도 생각했어요. 그런데 주님은 "나는 네 쓸 것을 다 준비해 두었다"고 하셨습니다. 마침 그때 저는 사도행전을 읽다가 아나니아와 삽비라

이야기가 마음에 탁 부딪쳤어요. 동생도 이 문제를 놓고 기도하러 자기 방으로 들어갔는데, 신기하게도 하나님이 동시에 같은 마음을 주셨어요. 그래서 하나님께 다 드리기로 했습니다."

언니 권사님은 말씀하시는 내내 힘들고 고단했던 삶이 스쳐 지나가는 듯 계속 눈시울을 붉혔다. 두 분의 고백을 듣고 함께 기도하는 내 목소리는 떨릴 수밖에 없었고 목이 메어 기도가 나오지 않았다. "하나님! 옥합을 깨뜨린 두 권사님을 축복해 주옵소서. 이 딸들을 통해 영광을 받으소서. 이들의 일생을 지켜 주옵소서!"

두 분은 1975년부터 모아 두었던 현금을 귀국할 때마다 법정 한도액만큼씩 가지고 와서 한국 은행에 맡겼다고 했다. 한번은 은행에 미화를 맡기러 갔더니 은행 직원 말이 이 중 한 묶음은 너무 오래된 지폐여서 판독이 불가능하다고 했단다.

함께 두 분의 고백을 듣고 난 김영애 권사님은 이런 부탁을 했다.

"권사님, 저와 우리 한동의 학생들이 이 아름다운 교훈을 배우기를 원합니다. 돈이 우상이 되어 버린 이 시대에 '돈 벌어서 남 주자', '공부해서 남 주자'고 외치는 한동대학교 학생들에게 산증인의 모습을 보여 주셔서 감사합니다.

두 분 이름을 밝히지 않을 테니. 제가 이 이야기를 기록할 수 있도록 허락해 주세요."

사람들에게 절대 알리지 않기를 간곡히 부탁하는 두 분의 뜻에도 불구하고 부득이 이 귀한 이야기를 지면을 통해 알릴 수밖에 없는 것은 옥합을 깨뜨린 여인의 헌신을 복음이 전해지는 곳마다 기념하도록 하신 예수님의 마음이 전해져서이다. 두 분의 귀한 헌신을 묵상하면서 홀로 조선인들을 섬기다 영양실조로 돌아가신 서서평 선교사님의 인생의 모토를 다시 떠올리게 되었다.

"우리의 인생 목표는 성공이 아니라 섬김이다"(Not Success, But Service).

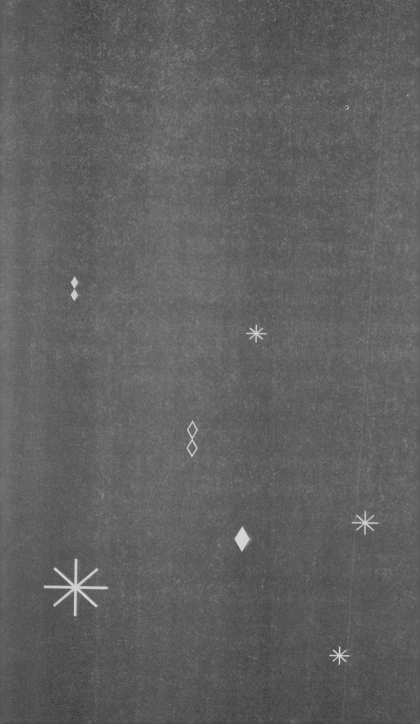

## Part 2

나의 교회가 아닌,

예수님의

교회를 세우다

# 우리는
# 그리스도의
# 들러리일 뿐이다

성도들에게 "교회가 그리스도를 질투하고 있지는 않은
가?"라고 물어보면 "그런 말도 안 되는 질문이 어디 있는
가?"라며 손사래를 칠 것이다. 그리스도의 몸으로서 그분께
경배 드리며 순종하기를 고백하며 살아가는 교회가 어찌
자신의 주인 되시며 머리 되시는 분을 질투할 수 있다는 말
인가.

그런데 교회 역사를 보면 교회가 능력과 영향력을 상실
한 중요한 이유 중 하나가 바로 그리스도께 대한 질투였음
을 알 수 있다. 권위 있는 가르침과 기적을 통해 스스로 하
나님이심을 드러내시는 그리스도를 십자가에 못 박도록 압
박한 유대 지도자들의 본심은 그분을 향한 질투였다. 그들

의 악함은 역사를 관통하여 이 시대의 교회 지도자와 성도들에게도 손길을 뻗치고 있다. 오늘날 교회 곳곳에서 일어나는 문제들의 핵심은 그리스도를 질투함으로 생겨나는 문제들이라고 말할 수 있다.

어느 날 요한의 제자들이 요한에게 와서 문제제기를 했다. "당신이 증거하던 그리스도라는 자가 세례를 주고 있는데, 사람들이 이제는 이리로 오지 않고 다 그에게로 가고 있습니다"라는 것이다. 한마디로 우리의 비즈니스 대상들이 사라지고 있다는 뜻이다. 요한의 제자들은 자기 스승이 증거하던 그리스도에 대한 관심보다도 요한의 세례를 받으러 찾아오는 사람들에게 관심이 더 많았다. 그들은 당대 최고의 인기인이었던 요한을 따르며 자신들이 의미 있고 영향력 있는 일을 하고 있다고 생각하며 자부심을 가졌다. 요한 옆에 숨어서 권력욕을 충족시키고 있었는지도 모른다.

그런 제자들의 문제제기 앞에 요한이 한 대답은 교회가 다시 회복해야 할 중요한 고백이다. "나는 그리스도가 아니요 그의 앞에 보내심을 받은 자라 … 신부를 취하는 자는 신랑이나 서서 신랑의 음성을 듣는 친구가 크게 기뻐하나니 나는 이러한 기쁨으로 충만하였노라 그는 흥하여야 하겠고 나는 쇠하여야 하리라"(요 3:28-30).

요한은 자신을 신랑의 친구로 비유하였다. 오늘날로 말

하면 신랑의 들러리이다. 들러리는 신랑을 돕고 더 돋보이게 하기 위해 세워진 사람이다. 신랑이 신부를 맞이한다는 사실을 기뻐해 주는 사람이다. 그것이 들러리 본연의 역할이다. 그런데 그 들러리가 신부를 차지하려 든다면 이는 도적이다. 요한은 신랑의 들러리와 같이 그리스도를 기뻐하였고 사람들이 그리스도에게 나아가 세례 받고 있다는 사실에 기쁨이 충만했다.

"그는 흥하여야 하겠고 나는 쇠하여야 하리라"는 고백은 단지 요한에게서만 머물러서는 안 된다. 교회는 성장할수록 이 고백에 머물러야 한다. 교회가 쇠하여야 그리스도가 흥하게 된다. 이는 교회가 잘 모이지 않고 예배가 쇠약하며 재정적 능력도 약해 어떤 봉사도 할 수 없는 상태에 머물러야 한다는 뜻이 결코 아니다.

교회는 서로 모이기를 힘쓰고 복음 전파와 사회봉사에 크게 쓰임받을 수 있도록 흥해야 한다. 그러나 교회는 흥할수록 쇠하여야 하는 역설적인 공동체이다. 성장할수록 그리스도를 드러내기 위해 끊임없이 자기를 부인하는 공동체여야 한다. 교회가 끊임없이 자기를 부인하며 쇠하여야 그리스도가 흥하게 된다.

우리는 무엇으로 기뻐하고 있는가? 교회 지도자들은 어디에서 기쁨을 찾고 있는가? 혹시 함께 모인 그 자체나 사회를 위한 선행을 기뻐하고 있지는 않은가? 그러나 결코 그래서는 안 된다. 교회는 오직 사람들이 신랑 되신 그리스도께 나아가는 것을 기뻐해야 한다. "우리는 그리스도가 아니다. 그분을 증거하는 사람들이다"라는 고백 속에 머물러야 한다. 역사는 교회가 흥할수록 요한의 고백을 잊어 갔고, 그 결과 점차 유약해졌음을 수도 없이 말해 준다. 들러리가 자신이 신랑인 줄 착각하면 내침을 당할 수밖에 없는 이치이다.

교회는 그리스도의 몸이자 그분의 친구로서, 세상의 많은 사람들을 그리스도와 중매하는 공동체이다. 바울은 "내가 하나님의 열심으로 너희를 위하여 열심을 내노니 내가 너희를 정결한 처녀로 한 남편인 그리스도께 드리려고 중매함이로다"(고후 11:2)라고 했다.

결국 교회는 두 종류로 구분될 것이다. 그리스도를 기뻐하는 교회와 그리스도를 질투하는 교회이다. 그리스도를 질투하는 교회는 역사 속에 사라져 갈 것이고, 그리스도를 기뻐하는 교회는 그의 나라에서 든든히 서 갈 것이다. 교회의 목표는 언제나 동일하다. "그는 흥하여야 하겠고 나는 쇠하여야 하리라"이다.

교회는 그리스도만 드러나고 그분만을 기뻐할 정도로 충분히 쇠하였는가?

# 교회가 약해지는 것이
# 시대가 악하기 때문인가?

모자이크교회를 담임하고 있는 어윈 맥매너스(Erwin McManus)의 《Unstoppable Force》(멈출 수 없는 힘)는 그 제목 만으로도 아주 탁월하다. 사도행전의 교회는 어떤 상황과 핍박에도 복음의 능력이 나타났다. 당시 교회는 무엇으로 도 '멈출 수 없는 힘'이었다.

지금은 어떤가? 과연 교회가 약해지는 것이 시대가 악 하기 때문인가? 시대는 언제나 악했다. 환경이 나빠서 교회 가 넘어지는 것이 아니다. 오히려 환경만 놓고 보자면 21세 기인 지금이 얼마나 좋은가! 예전처럼 편지를 주고받는 데 며칠씩 걸리지도 않고, 누구나 불편함 없이 말씀을 읽을 수 있으며, 인터넷을 이용하면 하루만에도 불특정 다수의 사람들에게 복음을 전할 수 있다.

문화가 너무 빨리 변해서 교회가 뒤쳐지는 것이 아니다. 역사적으로 교회는 문화를 창조하고 선도해 왔다. 문제는 교회 자체에 있다. 교회가 하나님의 운동력을 잃어버렸기 때문이다. 어윈 맥매너스의 책 가운데 내가 암기할 정도로 반복하며 읽었던 부분을 소개한다.

"교회 바깥에는 예수 그리스도의 교회를 완벽히 침몰시킬 수 있는 폭풍이 존재하지 않는다. 문화가 아무리 급격히 변한다고 할지라도, 교회는 그것을 극복하도록 설계되어 있다. 그러나 문화가 변화해 감에 따라 교회가 운동(Movement)이 아니라 기관(Institution)이 되어 가고 있다는 것은 고통스러운 현실이다. 두 가지의 차이점은, 기관은 문화를 보전하지만, 운동은 문화를 창조한다는 것이다. 많은 경우에 사라질 문화를 보존하려고 시도하는 사람들은 문화의 수치스러운 죽음에 동참하게 된다."

사도행전의 역사에는 영적인 힘의 대결이 나타난다. 이 대결에서는 세상적으로 강한 힘을 가진 자들이 힘없는 이들에게 패배했다. 당시 유대 사회에서 가장 막강한 권력을 가진 사람들도 성령 받은 사도들의 복음 증거를 멈추지 못했다. 복음을 거부하는 세력들의 박해에도 사도들은 사역을 중단하지 않았다. 어떻게 이런 일이 가능했을까?

첫째, 거짓으로 진실을 가둘 수 없기 때문이다. 당시 사도들은 예수님의 부활을 전하며 그분의 이름으로 능력을 행하고 가르쳤다. 놀라운 기적이 일어나기도 했다. 그러나 당시 종교 지도자들은 놀라지 않았다. 도리어 심기가 매우 불편했다. 사도들의 말대로 예수님께서 부활하신 것이 사실이라면 자신의 거짓과 위선이 다 폭로될 것이고, 그렇게 되면 자신들은 설 땅이 없어지기 때문이다. 그러나 아무리 세상적인 힘과 무력으로 진실을 감추려 해도 소용없다. 진실은 감옥에 가둘 수 없다.

종교 지도자들의 이러한 반응은 처음이 아니다. 예수님께 대하여 늘 취하던 태도이다. 예수님께서 베데스다 연못가에 있던 38년 된 병자를 고쳐 주시고 자리를 들고 걸어가도록 하셨을 때, 유대 사람들은 예수님께서 안식일에 자리를 들고 걸어가게 했다고 박해했다(요 5:16). 놀라운 기적을 눈으로 보고도 자신이 만들어 놓은 종교 체계와 율법을 따진 것이다. 얼마나 병적인 편견인가!

교회가 영적 운동력을 잃어버리는 중요한 이유가 여기에 있다. 진실에는 관심 없고 자신들이 만들어 놓은 제도에만 관심이 있기 때문이다. 진실은 결코 거짓과 허영뿐인 제도에 갇히지 않는다. 그러나 만약 교회가 진실의 편에 서지 않는다면 그 힘과 운동력을 상실할 것이다.

둘째, 사도들이 어떤 상황에서도 복음을 말하지 않을 수 없는 사람들로 변화되었기 때문이다. 베드로와 요한은 담대하게 고백했다. "우리는 보고 들은 것을 말하지 아니할 수 없다 하니"(행 4:20).

사람이 무엇인가를 말하지 않을 수 없게 되려면 세 가지 조건이 있어야 한다. 첫째는 그것이 역사적인 사실이어야 하고, 둘째는 그 사실을 개인적으로 체험해야 하며, 셋째는 능력이 덧입혀져야 한다. 이 세 번째 요소는 초자연적인 요소이다. 우리가 무엇인가를 해서 얻을 수 있는 것이 아니다. 위로부터 부어지는 성령의 기름부으심이다. 사도들이 성령 충만함을 받고 담대하게 복음을 말할 수 있는 사람들로 변화되었기에 그들의 증거는 멈출 수 없었다.

셋째, 사도들이 세상의 거짓된 힘, 세속적인 힘을 의지하여 대항하지 않고 하나님의 능력을 의지했기 때문이다. 세상적인 힘과 권력을 의지했다면 사도들의 증거는 곧 멈췄을 것이다. 어느 시대나 교회가 만나는 큰 유혹은 세상 권력을 굴복시켜 하나님의 뜻이 이루어지기를 바란다는 것이다. 거기에 가장 부합하는 시대가 중세였다. 중세교회는 교황이 황제에게 왕관을 씌워 주어야 왕권이 인정되는 시대였다. 그런데 과연 그때의 교회가 정말 교회다웠는가? 전혀 그렇지 않다. 오히려 교회 역사상 가장 어두운 시대였다.

교회에는 세상 권력이 필요 없다. 세상은 하나님의 일하심과 언제나 충돌한다. 교회는 세상의 도전 앞에서 십자가의 길로 승리해야 한다. 세상적인 힘으로 이기는 승리는 오래 못 간다. 더 큰 세상의 힘에 의해 다시 정복당한다. 세상을 이기는 힘은 곧 우리의 믿음이어야 한다. 우리 안에 계신 예수님이 세상보다 크시기에 그분의 십자가의 길로 함께 걸어가서 부활을 경험하여 승리하는 것이다.

교회는 멈출 수 없는 힘이다. 진정한 교회는 하나님의 운동력이다. 기관이나 종교화된 권력이 아니다. 예수님에 대한 진실을 담대히 말하지 않을 수 없는 증인들이다. 교회가 거짓을 버리고 진실을 담대히 전하기 시작할 때 능력은 다시 살아날 것이다. 예수 그리스도께서 우리를 통해 세상에 드러날 것이다.

# 우리 안에
# 가룟 유다가
# 고개를 들고 있다

| | ▾ | 🔍 |
|---|---|---|

기독교 역사에서 악한 인물로 꼽히는 한 사람이 배신자 가룟 유다이다. 그런데 이 가룟 유다를 변명해 주고 오히려 그의 행동을 정당화하는 흐름들이 있다.

내셔널지오그래픽은 2006년 여러 다큐멘터리나 매체를 통해 집중적으로 가룟 유다에 대한 자료들을 발표했는데, 그 내용이 이단적이다. 그들은 유다가 허구의 인물이었을 것이라고 주장하기도 하고, 1700년 전 고대문서를 통해 가룟 유다야말로 예수님의 가장 진정한 제자라고 주장하기도 했다. 예수님께서 유다에게 자신을 배신해 달라고 부탁했고, 유다는 원하지 않았지만 그 책임을 지게 되었으므로 가장 충성스러운 제자라는 것이다. 그들은 이런 내용이 담긴 유다복음서를 발견하고 복원했지만, 이 문서는 주후 180년 이전에 초대교회 이단인 영지주의자들이 기록한 것으로, 당시에도 위조문서로 취급되던 것이었다.

문학 예술계에서도 비슷한 흐름이 있다. 우리나라에서도 소설가 김동리가 《사반의 십자가》에서 주인공의 이미지를 통해 유다의 주된 이미지를 배신자가 아니라 민족의 독립을 위해 고뇌하는 사람으로 다루었다. 그리고 뮤지컬 〈지저스 크라이스트 슈퍼스타〉에서도 유다를 원치 않는 일을 운명적으로 강요받은 인물로 그림으로써 유다의 배반을 미화하는 경향을 보였다.

왜 이렇게 성경과 명백히 반대되는 흐름들에 역사가들과 예술가들이 동조하는가? 유다의 배신을 합리화함으로써 자신 안에 있는 배신을 합리화하고 싶은 것이 아닐까? 역사상 가장 악하고 안타까운 배신이 가장 의로운 행동으로 합리화된다면, 그 어떤 배신도 배신이 될 수 없고, 그 어떤 죄도 죄가 될 수 없기 때문이 아닐까?

유다의 배신은 도무지 변명할 수 없는 죄이다. 메시아에 대한 배반이 성경에 예언되었다고 해서 유다를 그 예언의 희생자라고 말할 수 없다. 그의 자유로운 선택이었기 때문이다. 장 칼뱅(Jean Calvin)은 "배반과 죽음이 예언되어 있다고 해서 유다가 변명할 수 없는 것은 그가 예언을 이루고자 그 일을 한 것이 아니라 스스로의 사악한 마음 때문에 그 일을 했기 때문이다"라고 했다. 하나님께서는 그 어떤 인간도 죄를 짓는 것을 예정하시지 않는다. 하나님은 그 누구도 악한 일을 하도록 충동질하시지 않는다. 죄는 자신이 선택함으로 짓는 것일뿐이다. 그러나 인간이 죄를 지음에도 하나님께서는 계획하신 바를 이루시며 모든 것을 섭리하시는 분이다. 우리는 그런 하나님을 믿는 것이다.

유다는 사탄에게 문을 열어 놓았다. 사탄이 들어오는 것을 저항하지 않았다. 사탄이 강제적으로 유다를 지배한 것이 아니라 유다가 사탄이 들어오도록 자기 속에 불러들인 것이다. 사탄은 양심의 소리를 마비시키고 악을 행하면서도 자신을 정당화하게 만든다. 악을 행함으로 어떤 선한 의도를 이루는 것처럼 착각하게 만들어 보다 적극적으로 행동하게 한다. 하나님을 두려워하는 마음을 빼앗아 버리고 이성의 빛을 어둡게 하며 부끄러운 느낌들을 파괴해 버림으로 담대하게 악을 행하게 한다.

유다가 예수님을 배반한 것이 하나님 나라에 대한 자신의 이상이 깨어져 버린 데에서 오는 허탈감 때문이라는 해석도 있다. 물론 어떤 신념을 이루기 위해 불가피한 선택을 하는 사람들에게서는 자기 희생적인 모습이 나타난다. 디트리히 본회퍼는 자신의 사랑하는 조국인 독일이 2차 세계

대전에서 패망하기를 기도했다. 그것은 조국에 대한 배신이었다. 그는 독일이 부강하게 되는 것보다 올바른 나라가 되기를 더 소망했기 때문이다. 그의 배신은 이유 있는 배신이요 자기 희생적인 배신이다. 그러나 유다에게서는 이러한 자기 희생적인 모습이 발견되지 않는다. 악역을 맡았다는 것에 대한 슬픔도 없다. 유다의 배신은 디트리히 본회퍼와는 정반대의 길이다. 그는 자기 희생이 아니라 자기 이익을 선택했다. 유다는 '원치 않는 악역'을 맡은 것이 아니라 '스스로 원하는 것을 선택한 악인'이었다. 그는 희생자가 아니라 불행한 선택자였다.

그런데 경건함과 의로움을 추구하는 그리스도인들 가운데 가룟 유다를 미화하는 것과 비슷한 흐름이 보인다. 그들은 가룟 유다의 배신은 신랄하게 비판하지만 그 뒤에 숨어 자신 안에 있는 유다의 모습은 합리화한다. 내 안의 배신을 합리화하고 자신을 의롭다 여기는 것이다. 명백한 죄인으로 나타난 이에게는 긍휼의 여지도 주지 않으면서 내 안에 있는 유다의 배신에 대해서는 눈을 감는다.

우리는 예수님의 제자훈련을 직접 받고도 사람이 얼마나 타락할 수 있는지를 본다. 예수님께서 택하신 제자도 멸망의 자식이 될 수 있다는 사실을 깨닫는다. 하물며 허물 많은 죄인들과 함께 제자훈련을 받은 우리는 얼마나 쉽게 타락하여 멸망의 자식이 될 수 있겠는가? 예수님 가까이 있었던 제자가 돈과 명예에 대한 탐욕 때문에 사탄에게 문을 열어 배신과 자살이라는 비극을 경험했다면, 우리 또한 세상을 향한 탐욕 때문에 심각한 비극적 상황에 놓일 수 있다는 것을 자각해야 한다.

한국 교회 곳곳에서 유다의 배신의 징후들이 나타난다. 겉으로는 다양한 이유들이 있지만 파고들어 가보면 그 깊은 내면에는 돈과 명예가 이유라는 것을 부인할 수 없다. 교리적으로 엄격한 잣대를 서로에게 들이대는 종교재판에 성공하고, 사회의 부조리에 대하여 신랄한 예언자적 비판을 금하지 않을지라도 자신의 내면에 존재하는 유다의 배신을 간파하지 못한다면 우리 또한 유다처럼 실패할 수밖에 없다.

한국 교회는 이미 수없이 유다의 배신을 하고 있다는 것을 인정해야 한다. 한국 교회의 교단, 신학교, 교회, 선교단체 등 모든 그리스도의 지체에게서 가룟 유다의 모습이 드러나고 있다. 한국 교회가 사회적 영향력을 잃어버린 이유이다. 교단의 지도자를 선출하는 일에 돈이 영향을 미치는 일부터 회개해야 한다. 교회가 대형화되면서 생겨나는 에너지를 선교와 나눔에 최우선적으로 사용해야 한다. 서로를 정죄하기에 앞서 자신 안에 있는 가룟 유다의 배신을 회개하고 돌이키는 일부터 시작해야 한다.

# 예수님이라면
## 어떻게 하실까?

```
|                                          ▾  🔍
```

한국 교회는 회개를 요청하시는 하나님의 책망을 세심히 귀기울여 들어야 한다. 다시 일어날 소망은 언제나 회개에 있다.

역사는 막연한 희망이나 적극적 사고방식만으로 변화하지 않는다. 근본적이고 급진적인 회개가 역사를 바꾼다. '급진적인'이라는 뜻의 '래디컬'(radical)이라는 영어 단어는 '뿌리'를 뜻하는 라틴어 '라딕스'(radix)에서 왔다. 즉 급진적 회개는 뿌리로 돌아가 근본적으로 돌이키는 것이다. 잘못된 뿌리를 찾아 뽑아 내는 것이다. 무엇을 어떻게 돌이켜야 하는지 우리는 성령님께서 라오디게아 교회에 주신 책망을 통해 깨달을 수 있다.

첫째, 우상과 혼합된 신앙에서 전심의 신앙으로 돌이켜
야 한다.

내가 네 행위를 아노니 네가 차지도 아니하고 뜨겁지도 아니하도
다 네가 차든지 뜨겁든지 하기를 원하노라 네가 이같이 미지근하여
뜨겁지도 아니하고 차지도 아니하니 내 입에서 너를 토하여 버리리
라 **계 3:15-16**

라오디게아 교회에게 주신 '차든지 뜨겁든지 하라'는 말
씀은 '믿든지 안 믿든지 하라'는 말씀이 아니다. 차든지 뜨
겁든지 한 것이 좋은 것이고 미지근한 것이 나쁜 것이라고
말씀하시는 것이다.

라오디게아 교회의 미지근한 신앙은 중간 정도의 미성
숙한 믿음이 아니라 우상숭배와 혼합된 더러운 신앙을 의
미한다. 우리가 믿는 신앙이 참으로 진리라면 진리답게 철
저히 믿어야 하고, 만일 거짓이라면 그것을 철저히 반대해
야 할 것이다. 이 둘보다 더 이해하기 힘든 것이 미지근한
태도와 어정쩡한 무관심이다. 신앙 안에 우상숭배가 들어
왔을 때 일어나는 현상이다.

하나님과 우상을 혼합하여 섬길 때 우리 신앙은 라오디
게아의 미지근한 물처럼 더러워진다. 가짜는 언제나 진짜

옆에 있듯이, 우상은 언제나 참된 신앙 옆에 숨어 있다. 그러다가 참된 신앙이 잠시 자리를 비우는 듯하면 그 자리를 차지하고 만다. 우상으로 혼합된 신앙을 전 인격적인 참된 신앙으로 돌이켜야 한다.

전심의 신앙을 광신과 혼동하면 안 된다. 광신은 자기가 주인이 되어 하나님을 이용하려는 것이고, 전심은 하나님께서 온전한 주인이 되셔서 다스리시는 것이다. 묵상 없는 헌신은 광신 행위요, 헌신 없는 묵상은 마비된 것이다. 우리의 신앙은 헌신에서 나오는 묵상이요, 묵상에서 나온 헌신이어야 한다. 하나님께서 돌이키라고 하시는 것은 전인격적인 전심으로 돌아오라는 것이다.

둘째, 물질적 풍요를 추구하는 삶에서 영적인 풍요를 추구하는 삶으로 돌이켜야 한다.

네가 말하기를 나는 부자라 부요하여 부족한 것이 없다 하나 네 곤고한 것과 가련한 것과 가난한 것과 눈 먼 것과 벌거벗은 것을 알지 못하는도다 내가 너를 권하노니 내게서 불로 연단한 금을 사서 부요하게 하고 흰 옷을 사서 입어 벌거벗은 수치를 보이지 않게 하고 안약을 사서 눈에 발라 보게 하라 **계 3:17-18**

막대한 부를 축적할 수 있었던 당시 라오디게아 사람들

은 헛된 자기만족에 빠져 있었다. 물질적으로 번영만 하면 모든 것이 다 좋아질 것이라고 생각한 것이다. 심지어 그리스도인들도 이러한 세상 사람들의 생각에 전염되어 있었다. 자만의 영이 교회 안 깊숙이 흘러들어와 있었다.

그러나 이러한 생각은 어리석은 망상이다. 우리 사회는 어떤가? 경제가 가장 중요한 문제라고 하면서 영혼의 상태를 보지 못하고 물질의 번영만 추구하고 있지는 않은가? 만약 이런 상태가 계속된다면 경제는 풍요로워질지 몰라도 우리 영혼은 심히 부패하게 될 것이다. 그러면 머지않아 경제도 함께 무너지게 된다.

경제적 풍요는 영혼과 도덕과 정신을 중요시할 때 하나님께서 더해 주시는 은혜이다. '경제가 아무리 어려워도 바르고, 정직하게 살겠다'는 결단이 필요하다. '정직이 행복이고, 바르게 사는 것이 풍족한 삶이다'라는 생각으로 돌이켜야 한다.

셋째, 예수님을 손님처럼 밖에 세워 두는 삶에서 주님으로 온전히 모시고 복종하는 삶으로 돌이켜야 한다.

무릇 내가 사랑하는 자를 책망하여 징계하노니 그러므로 네가 열심을 내라 회개하라 볼지어다 내가 문 밖에 서서 두드리노니 누구든지 내 음성을 듣고 문을 열면 내가 그에게로 들어가 그와 더불어 먹고 진정한 회개란 무엇인가? 주님의 주권을 인정하고 복종하는 것이다. 요한계시록 3장 20절 말씀은 우리에게 회개를 요청한다. 이 말씀은 불신자나 초신자에게 마음의 문을 열고 예수님을 주님으로 받아들이라고 초청하는 구절로 많이 사용하지만, 더 근본적인 의미는 믿는다고 하면서 예수님을 문 밖에 세워 두고 있는 이들을 향해 주님과의 온전한 관계를 회복하라는 말씀이다. 회개하고 돌이켜 주님을 진정한 내 인생의 주인으로 인정하라는 것이다.

우리 중에는 예배당 안에서 예배를 드릴 때는 예수님을 주님으로 찬양하지만 예배를 마치고 삶으로 돌아가서는 예수님의 간섭을 거부하는 사람들이 많다. 목회자라고 예외는 아니다. 그들의 삶에서 예수님의 뜻과 성품과 주권이 나타나지 않는다.

그러나 예배당 안에서만이 아니라 세상에서 예수님을 주님으로 인정해야 한다. 그럴 때 세상을 대하는 우리의 태도가 달라진다. 예수님은 세상을 품으셨다. 우리가 그런 예수님을 주님으로 고백한다면 세상의 음지에서 복음을 갈급해하는 영혼들을 외면할 수 없다. 소외된 이웃들을 외면할 수 없다.

한국 교회가 예수님께서 주님 되심을 온전히 인정하고 순종할 때 우리 사회는 변화할 수 있다. 분단된 한반도의 현실과 국제 정세 속에서도 예수님께서 주님 되심을 인정할 때 분단의 장벽과 전쟁의 위협은 무너질 것이다. 한국 교회가 자기중심적인 태도를 내려놓고 매 순간 '예수님이시라면 어떻게 하실까?'라는 질문을 던질 때 모든 문제의 답은 주어진다. 한국 교회가 예수님의 주권을 온전히 인정하고 돌이키면 역사는 변화된다.

# 진리는 칼날이 아니라
## 사랑이다

내가 유오디아를 권하고 순두게를 권하노니 주 안에서 같은 마음을
품으라 **빌 4:2**

유오디아와 순두게는 빌립보교회의 지도자가 분명하다.
그런데 이 둘이 갈등 속에 있었다. 바울은 이들의 이름을 짧
게 언급하며 같은 마음을 품으라고 권면한다. 여러 사람이
함께 읽는 이 편지에 이름이 언급된 것 자체가 두 사람에게
는 부끄러움이요 책망이다.

인간관계의 갈등은 주님 안에서의 기쁨을 잃어버리게
한다. 주님께서 주시는 기쁨은 올바르고 평화로운 관계 속
에서 경험하는 것이기 때문이다. 그뿐만이 아니다. 작은 불

이 큰 불이 되듯이, 작은 갈등의 불꽃이 공동체 전체의 붕괴로 확산되기도 한다. 공동체는 작은 갈등의 불꽃을 방치하면 안 된다. 갈등의 씨앗이라도 매우 섬세하게 다루어 해결해야 한다. 물론 그 전에 갈등을 예방할 수 있다면 더없이 좋을 것이다.

그럼에도 교회에는 갈등이 있다. 사람이 모이는 곳이니 갈등이 전혀 없을 수가 없다. 다만 교회는 갈등을 건강하게 잘 해결해 가는 공동체가 되어야 한다. 스캇 펙은 《평화 만들기》(Different Drum)에서 "성도들은 교회를 그리스도의 몸이라 부르기를 좋아하면서도 전혀 고통 없이 그리스도의 몸이 될 수 있는 것처럼 행동한다"고 지적했다. 과연 우리는 갈기갈기 찢기는 고통 없이 그리스도의 몸이 될 수 있는가? 십자가를 지지 않고도, 고뇌 속에서 십자가에 매달리지 않고서도 그리스도의 몸이 될 수 있는가? 고통 없이 교회가 그리스도의 몸이 될 수 있다고 하는 것은 거짓말이다.

스캇 펙의 지적대로라면 진정한 교회 공동체는 '은혜롭게 싸울 수 있는 하나의 몸체'가 되어야 한다. 개개인이 진정한 그리스도인이 되려면 위험한 삶을 살아야 하듯이 교회도 그리스도의 몸이 되려면 위험을 무릅써야 한다.

그럼에도 왜 교회는 성도에게 헌신을 요구하지 않는가? 스캇 펙은 두려움 때문이라고 지적한다. 그는 교회가 주일

마다 출석을 불러야 한다고까지 주장한다. 그 정도로 헌신에 대한 서약을 요구해야 한다는 것이다. 그럼에도 교회가 교인들의 출석을 부르지 않는 이유는 공동체에 대한 욕구 때문이 아니라 두려움 때문이라는 것이다.

너희 관용을 모든 사람에게 알게 하라 주께서 가까우시니라 **빌 4:5**

여기에서 관용이란 분명 받아들이는 것이지만 진리를 무시하고 무조건 봐주는 것이 아니다. 안이하거나 유약하게 불의와 타협하고 애매모호하게 넘어가는 것은 관용이 아니다. 진정한 관용은 진리를 견고히 지키되 그렇지 않은 것은 합리적으로 처리할 줄 아는 능력을 의미한다. 우리와 가까이 계시는 주님께서 모든 것을 심판하실 줄 믿고 갈등을 넘어서는 능력을 의미한다. 자신이 순례자와 나그네임을 알고, 심판자는 우리가 아니라 주님이심을 알고, 모든 것이 자신에게 달려있다고 생각하지 않고 맡길 줄 아는 것을 의미한다.

교회가 한 사람을 포용할 때 그것은 진정한 공동체를 이루기 위한 일이어야 한다. 교인 수를 늘리기 위한 포용이 되어서는 안 된다. 그런데 그동안 교회는 사랑보다는 탐욕으로 포용했다. 미로슬라브 볼프(Miroslav Volf) 예일대학교 교수는 《배제와 포용》이라는 책에서 배제와 포용의 신비한 연결을 설명했다. "포용하려는 의지가 없으면 진리가 있을 수 없고, 진리에 대한 의지가 없으면 포용이 있을 수 없다."

갈등 상황에서 정의에 관해 합의하고자 한다면 정의 이상의 무엇인가가 필요하다. 즉 포용을 원해야 한다. 포용하려는 의지가 없다면 정의도 있을 수 없다. 하지만 정의가 없다면 진정으로 지속하는 포용도 있을 수 없다.

진리는 사랑을 위해 존재한다. 하나님께서 진리의 칼로 아프게 하시는 것은 사랑으로 치료하시기 위함이다. 따라서 참된 진리는 사랑으로 포용하려는 의지가 담겨 있다.

# 사랑은
## 감정을 넘어
### 참된 행동으로 나타난다

| | ▾ | 🔍 |
|---|---|---|

빛을 프리즘에 통과시켜 보면 여러 가지 색이 드러나는 것처럼, 사랑에는 여러 가지 색이 혼합되어 있다. 드와이트 무디(Dwight Moody)는 성령의 아홉 가지 열매를 이렇게 설명했다. 희락은 기쁨이 넘쳐나는 사랑, 화평은 평안한 사랑, 오래 참음은 시련 중의 사랑, 자비는 사람 앞에서의 사랑, 양선은 행동하는 사랑, 충성은 전쟁 속에서의 사랑, 온유는 배우는 사랑, 절제는 훈련하는 사랑이다.

그렇게 설명할 수 있는 근거는 갈라디아서 5장 22절에 열매라는 단어를 단수로 표기했기 때문이다.

오직 성령의 열매는 사랑과 희락과 화평과 오래 참음과 자비와 양선

과 충성과 온유와 절제니 이같은 것을 금지할 법이 없느니라

**갈 5:22-23**

But the fruit of the Spirit is love, joy, peace, patience, kindness, goodness, faithfulness, gentleness and self-control. Against such things there is no law **NIV**

성령의 열매가 아홉 가지이면 열매들(fruits)이라고 해야 하는데 열매(fruit)라고 표기했다. 이것은 실수가 아니다. 성령의 열매들은 모두 사랑 하나를 가리키고 있기 때문이다. 희락 이후의 단어들은 사랑의 다양한 색깔을 설명하고 있는 것이다.

사랑의 다양한 색깔은 이 여덟 가지만이 아니다. 고린도 전서 13장을 통해서 다른 색도 살펴볼 수 있다.

사랑은 오래 참고 사랑은 온유하며 시기하지 아니하며 사랑은 자랑하지 아니하며 교만하지 아니하며 무례히 행하지 아니하며 자기의 유익을 구하지 아니하며 성내지 아니하며 악한 것을 생각하지 아니하며 불의를 기뻐하지 아니하며 진리와 함께 기뻐하고 모든 것을 참으며 모든 것을 믿으며 모든 것을 바라며 모든 것을 견디느니라

**고전 13:4-7**

이 말씀의 대부분이 갈라디아서에서 설명하는 성령의 열매와 비슷하면서도 차이가 있는 이유는 무엇일까? 그것은 갈라디아교회 성도들과 고린도교회 성도들의 삶이 달랐기 때문이다. 왜 갈라디아서에서는 사랑에 이어서 희락을 제일 먼저 설명했는가? 아마 그들이 희락을 잃어버린 신앙생활을 했기 때문이었을 것이다. 그들은 율법주의에 빠져 그리스도께서 주신 자유를 누리지 못하는 신앙생활을 하고 있었다. 자유를 누리지 못하는 사람에게 무슨 희락이 있겠는가?

바울이 고린도교회 성도들에게 제일 먼저 강조하는 사랑의 색깔은 오래 참음이다. 갈라디아서에서는 세 번째로 등장하는 이 단어가 고린도서에서는 제일 먼저 등장했다. 고린도교회 성도들에게는 오래 참음이라는 색깔의 사랑이 가장 중요한 과제였다는 것을 알 수 있다. 또한 고린도서는 모두 동사로 이야기했다. 한글판 성경은 형용사적인 수식어로 기록되어 있지만 원문은 모두 동사를 썼다. 그것도 현재시제 동사들이다. 사랑은 과거의 행위나 미래에 기대하는 어떤 이상이 아니라는 말이다. 사랑은 바로 지금, 행동으로 보여야 하는 것이라는 말이다.

사랑의 참된 색깔은 정체되어 있지 않다. 그리고 다양하다. 또한 어떤 감정의 차원을 넘어서 움직임이 있는 참된 행동이다. 고린도서 말씀은 사랑이 마치 어떤 인격체인 것처럼 묘사한다. 이를 통해 사랑은 인격의 행위를 통해 나타나는 것임을 알 수 있다.

미국 존스홉킨스대학교의 한 교수가 빈민가에 사는 12-16세 청소년 200명을 대상으로 어려운 배경을 가진 이들이 장차 성인이 되었을 때 사회적으로 얼마나 건전한 삶을 살게 될 것인지 알아보는 연구를 했다. 처음 그들의 가정환경과 능력을 조사하고 자료를 수집해 분석한 결과 이런 결론이 나왔다고 한다. "그곳 청소년 중 90퍼센트는 교도소에서 인생의 절반을 보내게 될 것이다."

그로부터 약 25년 후 그 대학 후배들이 그 지역을 다시 방문해 연구의 결론이 얼마나 정확한가를 조사했다고 한다. 당시 조사 대상이었던 청소년들은 대부분 그곳을 떠난 상태였다. 학생들은 그 200명을 추적하여 180명을 만나 현재의 모습을 확인해 봤다. 놀랍게도 그들 중 교도소에 간 사람은 단 네 명뿐이었고 나머지 사람들은 모두 성실한 시민으로 살아가고 있었다. 예측이 틀린 것이다.

어떻게 이런 결과가 나올 수 있었을까 하는 궁금증으로 그들과 인터뷰를 했다. 그들은 하나같이 자신들이 평범한 인생을 살 수 있었던 것은 한 선생님 때문이었다고 말했다. 존스홉킨스대학교의 학생들은 급기야 그 선생님까지 찾아

갔다. 그리고 어떻게 그들을 지도했는지 물었다. 선생님은 이렇게 말했다. "저는 아무것도 한 게 없어요. 단지 그들을 사랑했을 뿐이에요." 한 선생님의 사랑이 수많은 청소년의 영혼을 치료했고, 그들의 미래를 바꾸었던 것이다.

정신과 의사 칼 메닝거(Karl Menninger)는 "사랑은 세상의 질병을 치료하는 약"이라고 했다. 사랑은 영혼의 질병을 치료하는 힘이 있다. 사랑은 사랑 받는 사람만 치료하는 것이 아니고 사랑하는 사람도 치료한다.

미치 앨봄(Mitch Albom)의 《모리와 함께 한 화요일》이라는 책에는 루게릭 병에 걸려 시한부 인생을 사는 모리라는 교수와 그의 제자가 인생의 의미에 대해 나눈 대화를 담았다. 책에서 모리는 제자에게 이렇게 말한다. "이 병을 앓으며 배운 가장 큰 것이 무엇인지 아니? 인생에서 가장 중요한 것은 사랑을 나눠주는 법과 받아들이는 법을 배우는 것이란다." 병을 넘어설 수 있는 힘은 사랑에서 나오는 것이다.

찰스 웨슬리(Charles Wesley)가 친구 조지 휫필드(George Whitefield)에게 보낸 편지에 이런 고백이 있다. "제게는 커다란 고통이 있습니다. 그것은 하나님께서 나를 도구로 사용해서 역사하시지만, 나를 통해서 역사하시지 않고 계시다는 것입니다." 찰스 웨슬리의 고통은 하나님께서 자신을 도구로 사용하고 계심은 분명한데 자신의 마음속에 하나님의 사랑이 충만하게 흘러넘치고 있지 않아 고통스러웠다는 것이다. 사역자들이 하나님의 사랑으로 충만하지 않을지라도 하나님은 그들에게 은사를 주셔서 도구로 사용하실 수 있다. 그러나 그들에게는 그것이 고통이 될 수 있다.

하나님께서 창조하실 때 세상은 사랑의 다양한 색깔로 충만했다. 죄가 그 색깔들을 어지럽히고 왜곡시켰지만, 예수 그리스도 안에서 부어진 하나님의 사랑으로 그 아름다운 색깔들은 다시 회복되었다. 그리스도의 영이신 성령님은 그 사랑의 색깔들이 우리를 통해서 나타나도록 역사하신다. 나를 통해, 우리를 통해 그 사랑의 색깔이 나타나기를 소망해야 한다.

# 청소년에게 필요한 것은
## 공감해 주는
### 한 사람이다

연일 보도되는 우리나라 청소년 문제가 끔찍하다. 청소년들의 폭력이 극에 달하고 있다. 그는 곧 청소년들의 아픔이 극에 달했다고 말할 수 있을 것이다. 비행 청소년들은 나쁜 아이들이기 이전에 아픈 아이들이기 때문이다. 왕따 문화의 피해자가 되어 우울증에 걸리는 청소년들이 늘어나고 있으며, 자살을 선택하는 학생들이 셀 수 없이 많다. 학교에서는 저마다 성적 관리를 하느라 우정이 사라지고 있다.

무엇이 아직 10여 년밖에 살지 않은 청소년들을 아프게 하는가? 무엇이 그들을 이렇게 무섭게 변화시키고 있는가? 경제적 어려움 때문이 아니다. 일부 경제적 어려움에서 오는 일탈도 있겠지만 궁극적 이유는 분명 아니다. 근본적인 이유는 어른들이 그들의 마음을 공감해 주지 않았기 때문이다.

청소년들에게는 공감이 절대적으로 필요하다. 질풍노도의 시기에 끓어오르는 반항심을 차분히 가라앉히고 방향을 잡아줄 수 있는 길은 공감이 유일하다. 아무리 환경이 어려워도 공감해 주는 누군가가 있는 청소년은 어려움이 변하여 내적 능력이 되고 위기가 기회가 되는 경우가 많다. 자신의 말을 귀기울여 들어 주지 않는 부모에게서 양육된 자녀가 다른 사람의 말에 귀기울이기란 불가능하다. 문제 있는 자녀는 없는 법이다. 오직 문제 있는 부모만 있을 뿐이다.

사람의 뇌에는 자신의 몸에서 일어나는 반응을 관찰하고 느낄 뿐만 아니라, 다른 사람에게서 비슷한 일이 일어날 때도 마치 거울을 보는 것처럼 알고 반응하는 능력이 있다고 한다. '거울 뉴런'이라고 부른다. 하나님께서 공감을 위한 세포를 우리의 뇌에 만들어 넣어 주신 것이다. 이러한 세포는 쓰면 쓸수록 더욱 촘촘하고 정교해진다고 한다. 그러므로 공감 능력은 인생 경험이 늘어날수록 더욱 풍부해져야 정상이다. 나이를 먹어 갈수록 서로 상처를 주고받는 일, 충돌하고 갈등하는 일은 더 줄어들어야 맞다. 만일 그렇지 않다면 공감 능력을 유지시켜 주는 세포를 많이 사용하지 않았기 때문에 그 능력이 지극히 떨어진 것이라고 볼 수 있다.

엄마들은 내 아이의 마음 상태에 정확하게 조율되어 있다. 아이는 엄마와의 조율을 통해서 자기 마음을 읽을 뿐만 아니라 다른 사람과 조율하는 능력을 기른다. 어린 시절 누군가로부터 이런 공감을 받지 못한 아이들은 다른 누군가의 정서를 공감하지 못하게 되는 것이 당연하다.

'정서 공명'이라는 작용이 있다. 웃고 있는 사람을 보면 나도 함께 웃게 되고, 슬퍼서 눈물 흘리는 사람을 보면 함께 슬퍼지는 작용이다. 한 사람의 감정이 다른 사람 속에도 똑같이 일어나는 것이 물리학에서의 공명 작용과 비슷하기에 정서 공명이라고 이름을 붙였다.

아메리칸 인디언들은 바로 이러한 정서 공명이 잘 훈련된 사람들처럼 보인다. 인디언들은 친구를 '나의 슬픔을 지고 가는 사람'이라고 부른다고 한다. 1996년 미국 콜로라도에서 있었던 아메리칸 인디언 남자들의 모임에서 발표된 철학은 바로 공동체에 대한 것이었다고 한다. 그 내용은 이렇다. "공동체 안에서는 한 사람의 영광이 곧 모두의 영광이고, 한 사람의 고통이 곧 모두의 고통이다." 그들은 삼위일체 하나님에 대한 지식은 없었지만 자연과 양심을 통해 얻은 관계에 대한 놀라운 지혜가 있었다.

이 땅의 청소년들에게 가장 필요한 것은 서로 공감하고

정서가 공명되는 것을 느끼는 일이다. 친구들의 아픔을 함께 느끼고 공감할 수 있는 능력을 길러 주는 일이다. 입시 위주의 교육에서는 결코 이런 능력이 계발될 수 없다. 청소년들의 아픔은 교육의 자리를 대학 입시에 내어 주었을 때 일어났다. 입시는 교육의 일부일 뿐이지 전부가 될 수 없다.

입시를 친구들이 서로 도우며 준비할 수 있는 교육은 불가능한 것일까? 서로를 공감해 주는 능력을 배양하면서 공부할 수 있는 학교는 지나치게 이상적인 것일까? 자녀와 주변 청소년들의 아픔을 지적하기보다 먼저 공감해 주어야 한다. 다른 사람의 아픔을 공감해 줄 수 있는 사회인으로 성장할 수 있도록 인도해 주어야 한다. 교육의 목표를 학업의 성취만이 아니라 공감 능력의 발달에 둘 때 이 땅의 청소년들은 살아나게 될 것이다.

# 교회의 사명은
# 님비(NIMBY)를
# 넘어서는 것이다

　　우리나라 곳곳에서 발생하는 갈등의 원인 중 하나는 님 비(NIMBY: Not In My BackYard) 현상이다. 1987년 3월 미국 뉴 욕의 아이슬립이라는 도시는 자신들이 배출한 쓰레기를 매 립할 곳을 찾아 6개월 동안 6개주, 3개국을 물색했지만 결 국 어디에서도 매립장을 찾지 못해 다시 아이슬립으로 되 돌아왔다고 한다. 그때 생긴 단어가 님비다. '내 뒷마당에는 안 된다'는 의미로 '공공성 있는 시설이라도 우리 지역에는 허용할 수 없다'는 지역이기주의를 설명하는 고유명사가 됐다.

　　님비 현상 중에는 도덕적인 가치로 볼 때 지지받을 수 있는 것들도 있다. 예를 들면 자녀에게 해를 끼치는 유흥업

소나 사행성 도박장 건립 등을 반대하는 행위다. 그러나 혐오시설로 구분돼서는 안 되는 공공시설을 단지 꺼림칙하다거나 집값 하락이 예상된다는 이유로 거부하는 것은 바람직하지 않다.

국내에선 발달 장애인을 위한 복지시설 건립이 대표적 사례다. 몇 년 전 발달장애 학생의 부모들이 장애인센터 건립에 반대하는 주민들 앞에 무릎 꿇고 호소하는 사건이 있었다. 그 기사에 실렸던 사진이 아직도 뇌리에서 떠나지 않는다. 정치 지도자들은 주민들의 반대를 의식해 님비 현상의 대상이 되는 시설 유치는 꿈도 꾸지 않는다. 오히려 이런 시설을 막아 내야 좋은 지도자로 평가받는다.

최근 서울 일부 지역에선 아파트나 공원 부지 내 국공립 어린이집 설치를 반대하는 일들이 일어나고 있다. 저출산 시대의 가장 큰 과제는 어린이를 안심하고 맡길 수 있는 어린이집을 확충하는 일이다. 그런데도 어린이집은 종종 기피시설로 간주된다. 선진국들이 공원 부지를 활용해 도시의 필요에 따른 개발 정책을 펴고 있는 흐름과 정반대다. 해맑은 어린이들이 교육받는 시설까지 반대하는 것은 극단적 님비 현상이다.

교회의 사명과 기독교적 가치는 님비를 넘어서는 일이다. 이를 위해 교회 내부의 님비 현상부터 제거해야 한다.

그런데 때때로 교회 공동체의 결정이 공동체 이기주의에 빠지기도 한다.

산마루교회는 교회를 찾는 노숙인들 때문에 중대한 결정을 내려야 했던 적이 있다. 기존 성도들 중 일부가 노숙인을 계속 받으면 교회를 떠나겠다고 한 것이다. 성도들을 붙잡고 교회를 안정시키려면 당장 노숙인을 받지 말아야 했다.

하지만 그 교회를 담임하고 있는 이주연 목사는 노숙인들을 계속 품기로 결정했고 반대하던 성도들은 교회를 떠났다. 교회는 이 결정으로 성도들 내부에서 발생한 님비를 극복했다. 교회마저 세상의 님비 현상에 휩쓸려가는 것을 원하지 않았던 것이다. 이로 인해 단기간의 교회 성장은 멈추었을지 몰라도 하나님 나라는 크게 성장했다.

이뿐 아니라 산마루교회는 노숙인을 위한 목욕탕과 세탁 시설 건립을 위해 지속적으로 노력해 왔다. 앞으로 이들 시설을 세울 때, 더 큰 님비와 싸워야 할지 모른다. 하지만 매우 가치 있는, 반드시 이겨야 할 싸움이다. 만약 이 싸움을 그만둔다면 교회는 세상에서 빛과 소금이 되기는커녕 그저 교회를 위한 교회로만 머물게 될 뿐이다. 교회가 세상의 소금과 빛으로 존재하려면 이기적 공동체가 아닌 소금 같은 촉매제로 녹아들어야 한다.

한국 교회가 공공 기관이나 다른 자선 단체보다 더 먼

저 품어야 할 대상은 세 부류라고 생각한다. 200만 명이 넘는 이주민, 장애인, 노숙인들이다. 이들을 위한 커뮤니티센터나 복지 시설이 님비 현상으로 배척당할 때 교회는 앞서서 이들을 품고 사랑해야 한다. 마지막 때에 다시 오실 예수님이 이들의 모습으로 이미 와 계신다. "여기 내 형제 중에 지극히 작은 자 하나에게 한 것이 곧 내게 한 것이니라"(마 25:40)는 말씀을 기억하자. 한국 교회가 각 지역에 있는 이주민, 장애인, 노숙인들을 사랑할 때 하나님 나라는 더욱 성장할 것이다. 그러면 사회는 교회를 본받게 되고 대한민국은 더욱 살아날 것이다.

# 그리스도인의 인생은
# 신트로피 드라마다

```
|                              ▾ | 🔍 |
```

2019년 7월 2일, 온누리교회 본당에서는 우리 교회 초대
장로이자 한동대학교 초대 총장이셨던 고(故) 김영길 장로
님의 천국환송예배가 있었다. 예배는 수많은 성도와 동문
들의 눈물 속에서 이루어졌다.

사람은 태어날 때와 죽을 때 정반대여야 한다는 말이 있
다. 우리는 세상에 울면서 태어난다. 그러나 주변 사람들은
새 생명을 향해 기뻐하며 웃으면서 박수를 친다. 그러나 우
리가 이 땅을 떠날 때는 울고불고 해서는 안 된다. 환한 소
망의 모습으로 기쁘게 세상을 떠날 수 있어야 한다. 그러나
주변 사람들은 슬피 울고 안타까워하며 아쉬움에 통곡해야
참된 인생을 살았다고 할 수 있을 것이다.

김영길 장로님은 그런 삶을 사셨다. 한 번도 자기 자신을 높이려고 내세운 적이 없었다. 가정, 교회, 학원에서 어떤 위치나 직분이 주어져도 자신의 의를 드러내거나 권위를 내세우지 않았다. 장로님의 영향력은 겸손으로부터 나왔다. 말뿐만 아니라 자신을 희생하는 헌신, 예수님을 닮은 영성에서 그 영향력이 나왔다. 마지막 떠날 때 가족에게 나를 높이지 말고 오직 하나님만 높이기를 간곡히 부탁하셨다고 한다.

김영길 장로님은 "7년 된 성도들은 세상을 변화시키기 위해 떠나라"는 하용조 목사님의 말씀에 가장 먼저 순종했다. 노후가 보장된 카이스트 교수직을 내려놓고 아무도 관심 갖지 않던 포항의 작은 마을에 한동대학교를 세우는 일에 헌신했다. 그 가운데 두려움과 외로움이 왜 없었겠는가. 고난도 셀 수 없이 많았을 것이다. 그러나 장로님에게는 하나님의 종을 통해서 주어진 비전에 자신의 모든 것을 내어놓을 수 있는 순수함이 있었다. 이해득실을 따지지 않는 순수한 헌신을 가지고 정직한 모습으로 꿋꿋이 그 길을 걸어갔다. 건강이 다 무너졌을 때도 '유엔아카데믹임팩트'를 통해 '반기문 글로벌교육원'을 창립하는 일에 온 마음과 열정을 쏟았다. 한동대학교에서 경험한 대학 교육의 실천을 어떻게 세상과 나눌지, 그 마지막 꿈을 불태우며 병실에서 시간을 보냈다. 그분의 삶은 위대한 드라마라 해도 과언이 아니다. 그것은 하나님의 드라마였다.

우리 삶은 모두 하나님께서 기획하고 연출하시는 드라마다. 그럼에도 사람들은 자신을 주관하고 다스리고 섭리하시는 하나님을 받아들이기 싫어한다. 내 뜻대로, 내가 원하는 것으로 인생의 결말을 보고 싶어 한다. 그러나 우리 인생은 내가 기획하는 대로 이루어지지 않는다. 세상에서 성공하여 관심과 존경을 한 몸에 받는 사람들도 정작 성공 비결을 물어보면 "내가 이렇게까지 될 줄 몰랐다"고 고백한다. 깊은 좌절과 삶을 경험한 이들도 "내가 이렇게까지 실패할 줄 몰랐다"고 말한다. 실패했든 성공했든 인생은 우리가 기획하거나 노력한 대로 이루어지지 않는다는 것이다. 우리 인생의 기획자는 따로 있기 때문이다. 우리 인생을 주관하고 다스리고 심판하시는 하나님이 계시기 때문이다.

김영길 장로님의 인생이 많은 이에게 감동을 준 드라마가 된 것은 창조주 하나님께 온전히 순종하는 삶을 살았기 때문이다. 그분의 순종의 발걸음마다 하나님의 역사가 나타났다.

순종 뒤에는 많은 아픔이 있었다. 하나님의 드라마에는 언제나 위기가 찾아온다. 때로는 감당할 수 없을 것만 같은 괴로움도 동반한다. 그러나 말씀에 순종할 때 찾아오는 위기와 고난은 하나님이 함께하신다는 증거다. 하나님께서는 모든 위기 상황을 역전시키셔서 위대한 드라마로 바꾸셨다. 밋밋한 드라마는 사람들에게 큰 감동을 줄 수 없다. 감동을 주는 드라마에는 언제나 긴장이 있고, 극한이 있고, 사람이 감당할 수 없는 위기가 있다. 하지만 하나님의 드라마에는 언제나 반전이 있다.

김영길 장로님의 발걸음에는 언제나 하나님의 반전이 있었다. 그의 인생 마지막 여정에 집필한 《신트로피 드라마》에 그 내용이 잘 나와 있다. '신트로피'는 수많은 사람이 의지하는 과학 법칙인 '엔트로피' 법칙과 반대 개념이다. 엔트로피 법칙에 따르면 모든 에너지는 점차 소멸하고 쇠퇴한다. 인간이 태어나서 점점 죽음으로 가는 것과 같다. 하지만 김영길 장로님은 우리 인생이 꼭 소멸로만 가는 것이 아니라면서 신트로피 법칙을 역설했다. 소멸은 곧 생성으로, 죽음은 곧 생명으로 변화한다는 것이다. 그것을 증명하는 과학적 증거도 제시했다.

신트로피 법칙은 실제 역사와 자연 속에 분명히 존재한다. 한 알의 밀알이 떨어져서 썩으면 새로운 열매가 열리지 않는가! 이것은 곧 신트로피 법칙이다. 썩어짐은 끝이 아니다. 하나님은 죽어 소멸되어 가는 이 세상 가운데서도 소멸에서 생명으로 변화되는 신트로피의 법칙을 우리에게 보여 주셨다.

엔트로피 법칙은 인간의 죄 때문에 세상에 왔다. 엔트로피 법칙에 의해 이 땅은 점점 소멸되어 가고 있다. 사람들은 노력하지만 지구의 미래는 밝지 않다. 그러나 세상을 주관하시는 분은 하나님이시기에 그분의 드라마는 끝나지 않았다. 하나님께서는 이미 신트로피 법칙을 시작하셨다. 그것을 우리 안에서, 세상 속에서 이루어 가신다. 위대한 신트로피 드라마가 예수 그리스도의 부활로 증명되었다. 그 부활의 생명이 우리 모두에게 허락되었다. 우리도 신트로피 드라마의 주인공이 될 수 있다.

김영길 장로님은 신트로피 드라마를 확신했다. 창조주 하나님께서 말씀으로 세상을 통치하심을 믿었고 그 말씀에 순종함으로 신트로피 드라마를 경험했다. 돌아가시기 며칠 전에도 "나는 죽어도 삽니다. 죽음은 기쁨입니다"라고 고백했다. 가족에게도 "See You Tomorrow"(내일 봐요)라고 말씀하면서 다시 만날 날이 약속되어 있음을 믿었다.

사람만이 아니라 만물도 신트로피 드라마에 속하게 될 것이다. 하나님은 요한계시록 22장에서 만물이 어떻게 회복될지를 말씀하고 계신다. 장차 이 땅은 예수 그리스도께서 다시 오심으로 하나님의 역사로 변화될 것이다. 요한계시록 22장은 그날의 땅을 이야기하고 있다. 마치 에덴동산을 다시 보는 것 같다. 강이 있고, 나무가 있고, 열매가 있고, 하나님과 사람도 있다. 그러나 선악과는 없다. 다시는 시험이 필요 없음을 말한다. 따라서 그 땅은 다시는 타락, 저주, 밤, 어둠이 없이 영원히 밝게 빛날 것이다.

김영길 장로님은 바로 이 신트로피 드라마가 완성된 새 하늘과 새 땅으로 떠났다. 죽음 이후는 'After Life'가 아니다. 그제야 비로소 진정한 삶이 펼쳐지는 것이기에 이 땅에서의 삶을 'Before Life'로 부르는 것이 정확하다. 우리 모두가 이 땅에서는 엔트로피 법칙을 적용받는 인생이었지만 이제는 그리스도 안에서 하나님 나라의 신트로피 드라마의 주인공이 되는 것이다. 김영길 장로님처럼 단순하고 순수하게 말씀에 순종하면 우리 삶에서도 신트로피 드라마는 계속될 것이다. 말씀이 신트로피 드라마를 만든다.

# 우리의 죽음은
# 영원하지 않다

[검색창]

에덴은 하나님께서 인간들에게 주신 최초의 공간이었다. '평탄하다'는 뜻의 고대 수메르어에서 파생된 에덴은 단순히 작은 정원이 아니었다. 네 개의 강이 흐르는 상당히 넓은 지역이었다. 어떤 사람들은 에덴이 신화 속에 나오는 가상의 공간이라고 생각하는데, 그렇지 않다. 에덴은 지구상에 실재했던 역사적인 장소다. 하나님께서는 에덴에 자신의 사랑과 열정과 창조적 능력을 쏟아 부으셨다.

아우구스티누스(Aurelius Augustinus)는 타락 이전에 에덴에 있었던 인간들의 상태를 이렇게 묘사한다. "인간이 하나님의 명하신 것을 행하려는 간절한 마음을 가지고 있었을 때 그들은 낙원에서 살았다. 하나님과 더불어 즐거움을 누리고 아무런 부족함 없이 지냈으며, 영원히 살 수 있는 능력도 있었다. 그들은 풍족한 음식 덕에 배고프지 않았고, 넉넉한 음료 덕에 목마르지 않았으며, '생명나무' 덕에 나이가 들어도 쇠약해지지 않았다. … 그들의 몸은 건장하고 영혼은 평화로웠다. 낙원의 기후는 덥지도, 춥지도 않았다. … 거기에는 슬픔도, 실없는 웃음도 없었다. 다만 참된 즐거움이 하나님의 임재로부터 쉼 없이 흘러나왔다."

아담과 하와는 하나님 앞에 불순종함으로 그 낙원에서 쫓겨났다. 이것은 단순히 잃어버린 것과는 다르다. 저명한 종교학자 멀치아 엘리아데(Mircea Eliade)는 "낙원을 향한 향수가 인간의 사상과 문학에 있어서 지속적으로 가장 중요한 역할을 해 왔다. 인류 문화의 역사는 시간의 여명기에 상실했던 낙원의 상태를 회복하고자 하는 인간의 반복적인 시도들이었다"라고 말했다.

우리는 낙원을 상실한 이후 그 낙원을 회복하려는 인간들의 몸부림치는 문화의 역사 속에 살아가고 있는 것이다. 구약성경에서는 에덴을 의미하는 단어로 '낙원'을 사용했다. 예수님께서도 함께 못 박힌 한 강도에게 "오늘 네가 나와 함께 낙원에 있으리라"라고 말씀하셨는데 여기서 예수님께서 말씀하신 낙원은 천국을 의미한다. 그것은 바로 아담과 하와가 쫓겨난 낙원, 곧 에덴을 의미하는 것이었다.

어떤 이들은 하나님께서 아담과 하와를 에덴에서 쫓아내신 것을 무자비한 조치라고 생각할지 모른다. 그러나 알고 보면 하나님의 조치는 오히려 사랑을 보여 준다. 만일 타락한 아담과 하와가 에덴에 있었던 또 다른 특별한 나무, 생명나무의 실과를 먹었다면 그들은 타락한 상태로 영원히 살게 되었을 것이다. 비록 육체적 죽음은 겪지 않았을지 모르지만, 영원히 하나님과 관계가 끊어져 비참한 상태로 살아야 하는 것이다. 하나님께서는 이런 일이 일어나는 것을 결코 원치 않으셨다. 그래서 생명나무로 가는 길에 화염검을 두어 지키게 하심으로써 아담과 하와가 죽음을 피하지 못하도록 하셨다. 따라서 죽음은 인간들에게 회복의 기회를 주시는 하나님의 선물이다.

우리의 죽음은 영원하지 않다. 잠시 동안의 죽음이다. 하나님께서는 우리에게 죽음을 통해 영원한 생명을 얻도록 하셨다. 죽음은 마치 인간의 가장 큰 원수처럼 보일지 몰라도, 결국에는 인간의 가장 좋은 친구로 드러날 것이다. 죽음은 우리에게서 모든 것을 빼앗아 가는 것처럼 보이지만 사실은 모든 것을 잃어버리지 않는 세계로 인도해 줄 것이다.

요한계시록은 천국이 곧 에덴의 회복이 이루어지는 곳이라는 사실을 보여 준다. 에덴에는 네 개의 강이 흘렀지만 천국에서는 수정같이 맑은 생명수의 강이 흐르게 될 것이다. 에덴의 네 강물은 시작하는 지점이 모두 달랐지만 생명수의 강은 시작점이 하나님과 어린 양의 보좌이다. 하나님과 어린 양 예수 그리스도의 보좌로부터 시작한 생명수의 강이 흐르고 있는 곳이 천국이다. 그 강의 양편에는 생명나무가 있고 거기서 실과가 맺힌다. 에덴에서 아담과 하와가 범죄함으로 접근이 차단되었던 생명나무는 한 그루밖에 없었지만 천국에는 강 좌우에 생명나무가 많이 있어 그 실과를 먹을 수 있을 것이다. 이를 통해서 영원한 생명이 계속해서 공급되며, 잎사귀들을 통해서 만물이 치유된다. 에덴의 회복이자 에덴과 비교할 수 없는 낙원이다.

하나님께서 에덴을 만드시고 인간들에게 문화 명령을 주셨다. "땅에 충만하라, 땅을 정복하라, 바다의 물고기와 하늘의 새와 땅에 움직이는 모든 생물을 다스리라"(창 1:28)고 하셨는데, 인간은 죄를 짓는 바람에 이 명령을 지키지 못했다. 이제 에덴이 회복된 낙원에서는 이 문화 명령을 완전하게 이행하게 될 것이다. 명령을 수행하는 차원이 아니라 주도권을 가지고 만물을 다스리게 될 것이다. 리더십과 권위를 가지고 중요한 결정을 내리는 데 동참하게 될 것이다. 낙원에서 우리는 예수님과 회의하고 결정하고 일을 하며 영원히 함께할 것이다.

우리는 이 땅에서 살아가면서도, 모든 공간에서 에덴의

회복을 경험하게 될 것이다. 낙원에서 영원히 함께하실 예수님이 지금 이곳에 우리와 함께하시기 때문이다. 따라서 우리가 늘 주님과 동행하며 산다면 에덴의 회복을 이 땅에서 미리 연습할 수 있다. 이 땅에서 하나님 나라의 삶을 사는 것이다.

※ **Part 3**

권력을 내려놓은,

섬기는

목자를 원한다

# 목자들만이
## 천사의 소식에
## 반응했다

```
|                                    ▾  🔍
```

첫 번째 크리스마스 사건은 세상의 철저한 무관심 속에서 이루어졌다. 무관심은 곧 무지에서 온 것이다. 세상은 철저히 메시아의 출생 앞에서 침묵했다. 그러나 천사들은 그럴 수 없었다. 영적 세계의 비밀을 증거할 수 있는 존재는 천사밖에 없었다.

천사들은 제일 먼저 목자들에게 메시아 탄생 소식을 전했다. 마태복음에 따르면 동방박사들은 예수님 출생 후 어느 정도 시간이 지나 집에 계실 때 경배하러 왔지만(마 2:11), 목자들은 아기 예수가 아직 구유에 누워 계실 때 찾아왔다.

이 사실이 왜 중요할까? 이것을 알기 위해 우리는 당시 목자들이 어떤 사람들이었는지를 이해해야 한다. 목자는 베들레헴 성읍 밖에서 사는 사람들이었다. 밤에는 양과 함께 뒹굴며 들판에서 잠을 자곤 했다. 그들은 세상에서 주목받지 못하고 소외된 사람들이다. 복음서는 메시아의 출생 소식을 이런 초라한 사람들이 제일 먼저 전해 들었음을 강조하고 있다.

정보는 힘이다. 새로운 소식이 생겼을 때 그 소식이 가장 먼저 전달되는 사람은 대부분 지위가 높고 영향력이 있는 사람이다. 신분과 위치에 따라 다루는 정보의 양과 내용이 달라진다. 세상의 질서는 정보를 가질 수 있는 권한에 따라 나뉜다.

그런데 목자들은 어떤가? 당시는 신분 사회였다. 성문 밖에 사는 목자들은 신분상으로도 높지 않고, 그렇다 보니 성읍 안에서 일어나는 소식을 잘 몰랐다. 어떤 정치적인 견해도, 사회적인 영향력도 없었다. 그런데 메시아의 출생 소식이 그런 사람들에게 제일 먼저 전해졌다. 가장 중요하고 긴급한 뉴스가 당시 가장 소외받는 초라한 사람들에게 처음으로 전해진 것이다. 이것은 가히 혁명적인 사건이다.

하나님은 이 사건을 통해 어떤 사람도 중요하지 않은 사람은 없다고 말씀하신다. 하나님께서는 도리어 소외받고 초라해 보이는 사람들을 통해 복음의 역사가 전해지고 나타나도록 역사하시는 분이라는 것이다. 복음의 능력과 축복은 마음이 부유한 자들이 아니라 가난한 자들을 통해 세상에 나타난다. 세상은 사람을 차별하지만, 하나님은 차별하지 않으신다. 오히려 하나님은 고난 받는 자와 함께 고난 받으시고, 연약한 자와 함께 연약한 자가 되기를 기뻐하신다.

미국의 유명 작가이자 목사인 맥스 루케이도(Max Lucado)는 그의 크리스마스 설교를 통해 하나님께서 왜 목자들에게 제일 먼저 소식을 알리셨는지를 흥미로운 상상으로 설명했다. "만일 바리새인들에게 제일 먼저 소식이 전해졌다면 그들은 먼저 주석을 펴 놓고 세미나부터 했을 것이다. 만일 정치가들이었다면, 그들은 주변에 누가 본 사람이 없는지 살펴보느라 시간을 허비했을 것이다. 기업가에게 제일 먼저 소식이 전해졌다면 그들은 자신의 캘린더를 쳐다보고 스케줄을 맞추고 있었을 것이다." 목자들에게 이 고귀한 소식이 가장 먼저 전해진 이유는, 그들이 대단한 기업가이거나 전략가여서가 아니라, 들은 대로 믿고 행동하는 사람들이었기 때문이다.

그렇다면 과연 목자들만 천사의 소식을 들었을까? 모튼 켈세이(Morton Kelsey)는 《크리스마스의 숨은 이야기》에서 다른 사람들도 그 소식을 들었을 것이라고 말한다. 하나님께서 동방의 박사들에게까지 신비한 별을 통해 소식을 전해 주셨다는 것은 모든 사람에게 각양각색의 방법으로 메시아의 탄생을 알리셨을 수 있다는 것이다. 그의 주장대로라면 그날 밤 베들레헴 자기 집에서 편안히 자던 사람들의 꿈속에도 소식이 전달됐을지도 모른다. 상인에게도, 여관 주인에게도, 어쩌면 헤롯 왕이 있던 궁궐의 신하들에게도 천사들이 나타났을 것이다. 하지만 그들은 잠자리를 떠나지 않았고, 그저 다음날 간밤에 꾸었던 꿈 이야기를 하면서 이상한 농담을 주고받는 데 그쳤을 것이다. 오직 목자들만이 하나님께서 보내신 천사의 말을 진실되게 받아들였던 것이다.

천사들이 메시지를 전한 직후 목자들은 천사의 메시지를 가지고 세미나를 열지 않았다. 쓸데없는 논란을 벌이느라 시간을 허비하는 대신 그들은 지키던 양 떼도 버려두고 '서둘러 가서' 예수님을 경배했다.

하나님은 메시지에 반응할 줄 아는 사람들에게 소식을 전해 주신다. 그러므로 하나님의 메시지에 빨리 반응하고 서둘러 가서 행하는 신앙인이 되는 것이야말로 하나님께서 기뻐하시는 모습이다.

# 폭풍이 오면
# 진정한 지도자가
# 드러난다

조지 허버트(George Herbert)는 "기도를 배울 사람은 바다로 가라"고 했다. 해변의 아름다움에서 조용하고 한가로울 때 기도를 배울 수 있다는 말 같은가? 아니다. 성난 파도가 몰아치는 폭풍 속에서 진정한 기도를 배울 수 있다는 말이다.

폭풍은 인간의 사회적 지위나 경력, 돈에 전혀 영향받지 않는다. 폭풍 앞에 서면 누구나 예외 없이 소망을 잃어버린다. 한 치 앞이 보이지 않는다. 이러한 폭풍은 고난 속에서 항해하는 인생들에게 하나님의 주권을 보여 주시는 방법이다.

고난 하면 떠오르는 대표적 인물이 있다. 욥이다. 그는 고난 속에서 친구들과 토론하며 지친 가운데 하나님께 호소하며 많은 질문을 던졌다. 하나님께서는 욥과 토론하지 않으셨다. 그저 폭풍 가운데 나타나셔서 욥에게 대답하셨다. 욥은 폭풍 속에서 하나님을 보았다.

폭풍은 하나님의 뜻에 불순종하는 인생들을 하나님의 계획으로 돌아오게 하는 방법이다. 불순종의 아이콘 요나만 봐도 알 수 있다. 그는 니느웨로 가라는 하나님의 뜻을 거역하고 다시스로 가던 배를 타고 가다가 폭풍을 만났다. 하나님은 폭풍으로 임재하셔서 그를 바다에 던지시고 회개하게 하셨다. 요나도 폭풍 속에서 하나님을 보았다.

폭풍은 두려움에 사로잡힌 우리를 찾아오시는 주님의 길이다. 갈릴리 호수가 폭풍 속에 휘몰아쳐서 잔잔한 물이 10~15미터까지 치솟았다 떨어지는 상황에서 제자들은 "내니 두려워하지 말라"(요 6:20)고 말씀하시는 주님을 보았다. 폭풍이 지난 후에 제자들은 예수님께 경배 드렸다. 이전에 그들은 이렇게 한마음으로 경배 드린 적이 없다. 예수님이 병자를 고치실 때에도, 군중에게 설교하실 때에도 제자들이 경배 드렸다는 기록은 없다. 폭풍 속에서 걸어오셨을 때에야 비로소 제자들은 경배 드렸다. 폭풍으로 모든 소망이 끊어진 상황에서 구원받았기 때문이다.

때로는 욕심 때문에 폭풍을 만난다. 하나님께서는 조금만 더 빨리 가서 조금만 더 이익을 보자는 인간의 이기심을 잠재우시기 위해 큰 폭풍을 만나게 하신다. 바울을 태우고 로마로 가던 배가 폭풍을 만난 이유가 바로 그 때문이었다. 바울은 로마로 가는 도중에 유라굴로라는 엄청난 폭풍을 만났다.

그 폭풍 가운데 주님은 바울과 함께하셨다. 바울은 이 폭풍 속에 표류하는 배의 영적 선장 역할을 하게 된다. 영적 주도권은 폭풍 속에서 나타난다. 폭풍이 지도자를 만드는 것이 아니라 폭풍이 오면 진정한 지도자가 누구인지가 드러나는 것이다.

바울은 하나님의 임재에 닻을 깊이 내리고 있었기에 폭풍 속에서 흔들리지 않을 수 있었다. 바울은 자신의 믿음대로 행동하며 보여 주었다. 폭풍 속에서 모두가 아무것도 먹지 못할 때에도 마치 아무 일도 없는 것처럼 평안하게 식사하기를 권했다(행 27:33-37). 바울은 자신에게 주신 말씀을 믿었고, 그 믿음 속에서 안심했고, 하나님께 감사하며 식사까지 하는 여유를 보여 주었다.

사람들은 바울의 모습을 보고 믿고 안심하게 되었다. 상황은 하나도 변한 것이 없지만 사람들은 이전과는 다르게 상황을 바라보게 되었다. 그들은 사로잡혔던 두려움에서 벗어나 용기를 얻었다. 이처럼 사람들은 지도자가 하는 말을 '듣고' 따르지 않는다. 그를 '보고' 따른다.

세상은 소망을 잃어버리고 파선하여 표류하는 배와 같다. 이러한 때에 그리스도인인 우리는 세상에 믿음과 용기를 줄 수 있는 영적 선장의 역할로 부르심을 받았다. 바울에게 "너와 함께 있는 모든 사람의 생명을 네게 맡겼다"고 말씀하신 것처럼, 지금 내 곁에 있는 모든 사람은 하나님께서 내게 맡기신 소중한 생명이다.

교회는 폭풍 속에서 절망하는 이들을 이끌고 가는 영적 주도권을 발휘해야 한다. 그렇게 되기 위해서는 하나님의 임재에 닻을 깊이 내려야 한다. 교회가 스스로 자초한 불순종의 길을 회개하고 돌이켜야 한다. 고난 앞에서 불평하며 하나님을 원망하지 않고 그분의 주권과 일하심을 인정해야 한다. 폭풍 속에서 진정한 예배자의 모습을 회복해야 한다. 그럴 때 폭풍 속을 지나는 배의 영적 선장으로 하나님께서 교회를 사용하실 것이다.

대한민국은 휘몰아치는 폭풍 속으로 들어가고 있다. 어느 누구의 잘못 때문이라고 비난할 필요는 없지만 분명한 것은 교회의 불순종이 가장 큰 이유이다. 교회 지도자들이 탐욕을 씻지 못했기에 폭풍 속으로 들어가는 것이다.

랄프 에머슨(Ralph Waldo Emerson)는 "지혜로운 사람은 폭풍이 닥칠 때 '위험'에서 구해 달라고 하지 않고 '두려움'에서 구해 달라고 하나님께 기도한다"고 했다. 이제 교회는 이 폭풍 속에서 진정한 기도를 배워야 한다. 불순종에서 돌이켜 하나님이 뜻하신 방향으로 나아가야 한다. 폭풍이 더 거세지고 모든 것을 삼켜 버리기 전에 교회가 영적 선장의 역할을 하지 않는다면 우리의 미래는 불투명하다. 폭풍 속에서 흔들리지 않는 인생은 오직 폭풍의 주인이신 하나님의 뜻을 따라 행하는 이들 뿐이다.

# 가장 먼저 분별할 것은
# 상황이 아니라
# 내 내면이다

지도자는 끊임없이 위기에 직면한다. 역사 흐름에 책임을 져야 하는 지도자는 많은 딜레마를 해결해야 한다. 딜레마는 분별력을 요구한다.

분별력은 문제 핵심을 파악하고 해결책을 찾아내는 능력이다. 실타래와 같이 얽힌 상황을 풀어내는 기술이다. 이는 지도가 없는 곳에서 길을 만들어 가는 것이며, 아무도 예측하지 못한 공식을 새로 만들어 도무지 풀 수 없는 수학 문제를 푸는 것과 비슷하다.

지도자가 분별력을 얻으려면 어떻게 해야 할까? 대부분의 지도자들은 가장 먼저 '상황 분석'에 매달린다. 사람들의 말과 평가에 귀기울이고 주목한다. 필요한 조치들이다. 그런데 딜레마를 해결하는 결정적인 분별력은 상황이나 여론을 살피는 데서 얻을 수 없다.

분별력은 지도자 자신의 '내면 분석'에서 나온다. 특히 감정을 면밀히 들여다보는 것에서부터 얻어진다. 우선 자신이 처한 딜레마가 본인 감정으로부터 나온 것은 아닌지 살펴야 한다. 즉 상황에 대처하는 자신의 말과 결정이 그릇된 감정에서 시작된 것은 아니었는지 점검해야 한다는 것이다. 그 감정이란 누군가를 향한 미움이나 두려움일 수 있다. 만일 그것이 아니라면 딜레마 자체에 대한 자신의 감정적인 반응은 어떤 것인지 살펴봐야 한다. 두려워하고 있는가, 아니면 두려움을 넘어서 진정한 용기를 가지고 대하고 있는가?

프랑스의 철학자 파스칼(Blaise Pascal)은 《팡세》에서 "모든 사유는 감정에 항복한다"라고 말했다. 상한 감정은 모든 합리적 판단을 무너뜨리는 무서운 힘이 있다. 지도자로서 딜레마에 직면해 본 사람이라면, 그리고 감정에 항복한 사유에 기초해 올바른 해결책을 제시하지 못한 뼈아픈 경험이 있는 지도자라면 매우 깊은 가시처럼 찌르는 말이 될 것이다. 아무리 합리적인 사유를 하는 사람일지라도 자신의 감정에 사로잡혀 합리성을 잃어버리는 경우가 많기 때문이다.

스페인의 종교개혁가이자 예수회 창시자인 이냐시오

로욜라(Ignacio de Loyola)는 분별이 필요한 상황에서 가장 먼저 분별해야 하는 것은 상황이 아니라 자신의 감정임을 강조했다. 내면의 감정을 먼저 합리적으로 판단할 수 있어야 올바른 분별력을 얻을 수 있다는 것이다.

우리는 탁월한 분별력을 얻는 지혜를 솔로몬에게서 배워야 한다. 하나님께서는 이스라엘의 왕이 된 솔로몬에게 찾아오셨다. 그러나 "네가 왕이 되었으니 내가 너에게 가장 필요해 보이는 분별의 지혜를 주겠다"고 하지 않으셨다. "내가 너에게 무엇을 줄까?"라고 질문하셨다. 이것은 정말 중요한 의미가 담겼다. 하나님께서는 지도자 스스로 자신에게 무엇이 필요한지를 아는 것이 정말 중요하다는 사실을 가르쳐 주신 것이다.

만약 하나님께서 나에게 "내가 너에게 무엇을 줄까?" 하고 질문하신다면 무엇을 구할지 준비되어 있는가? 자신에게 무엇이 가장 필요한지 생활 속에서 깨닫지 못한 사람은 아무리 하나님께서 은혜를 주신다고 해도 구하지 못할 것이다. 솔로몬은 가장 필요한 분별의 지혜를 달라고 구했다. 앞으로 왕인 자신에게 다가올 수많은 딜레마 앞에서 판단을 내릴 때 가장 필요한 것이 분별의 지혜임을 알고 있었다.

그의 간구는 분별력을 얻기 위한 우리 마음의 태도가 어떠해야 하는가를 잘 보여 준다. 바로 겸손이다. 솔로몬은 자기가 왕이 된 것이 하나님께서 과거에 아버지 다윗에게 베푸신 큰 은혜 때문이라는 것을 고백한다. 또한 자신이 왕으로서의 판단력을 아직 갖추지 못한 사람임을 정직하게 인정한다(왕상 3:6-9). 그는 겸손했다.

겸손이란 진리 안에서 자신을 정직하게 살피는 것이다. 만일 지도자가 자신을 향한 감상적, 이상적인 생각만을 가지고 있다면 분별하는 데 실패할 것이다. 인간은 하나님의 도움이 필요한 연약한 존재임을 인정해야 한다. 아무리 옳아 보여도 내 생각이 절대적이지 않다는 것을 시인해야 한다. 그것이 겸손이다.

때로는 나를 대적하는 이들에게서도 해결책이 나올 수 있다는 것을 용납해야 한다. 꼭 내 머릿속에서 나온 생각이나 의견이 아니어도 모두가 살 수 있는 해답이 거기에 있다면 용기 있게 받아들여야 한다. 분별력이 겸손에서 시작된다는 사실은 매우 막연해 보일 수 있지만 가장 실제적인 진리이다. 겸손은 감정을 정화하며 합리적 판단을 향해 걸어가게 한다. 위기에 처한 나라와 민족의 딜레마를 해결하는 분별력이 이 시대 지도자들에게 임하기를 간절히 기도한다.

# 그 결정은
# 옳은가?

［ ▾ 🔍 ］

사람들은 어떤 결정을 내릴 때 나름대로 옳다고 생각하는 기준에 따른다. 그런데 그 기준이 합리적인가에 대해서는 철저한 비평을 하지 않는다. 사회에서 논란과 다툼이 끊이지 않고 이어지는 이유는 무엇인가? 이 기준이 서로 다르기 때문이다. 그리고 상대방이 어떤 기준을 가지고 있는지 이해하려고 하지 않기 때문이다. 이 간극을 좁히지 못하면 대립은 끝나지 않는다.

사람들이 의지하는 기준은 크게 세 가지로 분류된다.

첫째는 진리이다. 진리는 언제나 옳으며 공공성을 지닌 절대적 기준이다. 이것은 모든 시대에 적용되며 모든 사람에게 권위를 가진다. 그런데 포스트모던 시대의 세계관은 모든 사람이 받아들여야 할 절대적 권위를 가진 진리는 없다고 주장한다. 과학적 진리만이 공적 진리이고, 도덕적 진리란 상대적인 것이라고 주장한다. 과학적 검증을 통과한 주장이 아니라면 자신에게 진리라고 해서 다른 사람에게 진리라고 주장해서는 안 된다고 생각한다. 당연히 포용과 관용이 절대적 진리가 된다.

이러한 생각의 치명적인 문제는 '모든 사람이 받아들여야 할 절대적 권위를 가진 진리는 없다'는 명제 자체만은 절대화한다는 것이다. 얼마나 어이없는 모순인가. 이 시대의 사상들이 아무리 절대 권위를 가진 진리는 없다고 주장해도 진리는 살아 있다. 악이 살아 있는 실체이듯 선 또한 살아 있는 도덕적 실체이며 언제나 옳은 것이다. 따라서 선은 진리이다. 선이 존재한다고 믿는 사람은 모든 사람이 받아들여야 할 절대 진리가 존재한다고 받아들여야 한다. 이 절대 진리야말로 우리가 따라야 할 가장 중요한 의사결정 기준이다.

둘째는 가치이다. 가치는 언제나 옳은 것은 아니며 공동체성을 지닌 상대적 기준이다. 시대에 따라 변할 수 있으며 한 공동체에 권위를 가지더라도 다른 공동체에는 권위를 가질 수 없다. 가치는 어느 정도의 시간이 흘러 공동체 안에서 자연스럽게 생겨난 합의적 기준이다. 우리가 흔히 '~주

의'라고 이름 붙이는 사상들은 대개 가치의 영역에 속한다고 볼 수 있다.

전 세계가 지구촌화되고 SNS 문화로 동질화되어 가고 있지만 아직도 나라와 민족마다 어느 정도 다른 가치를 따라 살아가고 있다. 자신이 경험한 공동체에서의 가치를 다른 공동체에서 절대화하려 할 때는 큰 갈등이 일어난다. 따라서 가치는 혹독한 검증을 통과해야만 진리로서의 권위를 가지게 된다. 성경이 진리인 까닭은 어느 한 시대의 공동체가 진리로 받아들였기 때문이 아니라 아주 오랜 시간 검증을 통과한 책이기 때문이다.

셋째는 선호도이다. 선호도는 때로 옳지 않을 경우도 많으며 지극히 자의적인 기준이다. 공동체의 합의가 필요 없는 지극히 일상적인 선택의 기준일 뿐이다. 진리와 가치의 구분처럼 모호하지 않기에 구별하는 데 큰 노력이 필요하지도 않다.

가장 완벽한 의사결정은 절대적인 진리에 근거하고 공동체의 가치를 존중하며 개인의 선호도를 만족시킬 수 있는 것이다. 그런데 이 세 가지를 만족시키는 일은 거의 일어나지 않는다. 더 큰 문제는 시대가 악할 수록 이 기준들의 중요도가 뒤바뀐다는 것이다. 선호도가 가장 중요하고 여력이 있다면 그다음 가치를 조금 고려할 뿐이다. 진리는 안

중에도 없다. 영적 암흑기였던 사사시대에 대한 간략한 표현은 '자기 소견에 옳은 대로 행했다'는 것이다. 즉 각자의 선호도에 따라서만 행동했다는 것이다. 선조들이 지켜 왔던 공동체의 가치마저 붕괴된 사회에 대한 설명이다.

악한 지도자는 자신의 선호도를 공동체의 가치로 격상시키고 때로 절대적 진리보다 더 권위 있게 만들어 버린다. 그 대표적인 결과가 독일의 나치 정권이다. 북한의 세습 정권이 흘러가는 모습 또한 별반 다르지 않다.

반면 선한 지도자는 언제나 자신의 선호도를 내려놓을 줄 안다. 그보다 공동체의 가치를 존중한다. 그리고 더 나아가 공동체의 가치가 절대적 진리에 맞추어 변화하도록 이끈다. 안 해도 되는 일을 반드시 해야 하는 일로 만들거나, 반드시 해야 하는 일을 하고 싶으면 하는 일로 만드는 것은 이 세 가지 영역의 차이를 붕괴시켜 버린 결과이다.

영국의 유명 추리작가이자 기독교 사상가 도로시 세이어즈(Dorothy Sayers)는 《도그마는 드라마다》(Letters to a diminished church)에서 사람들이 정욕의 죄에 빠지는 이유를 두 가지로 지적했다. 하나는 순전히 동물적 본능 때문이고 다른 하나는 철학이 파산 지경에 이르렀기 때문이라는 것이다. 그중에서도 '철학의 파산'을 더 중요한 원인으로 보았다. 인생이 따분하고 불만족스러워 무언가 자극적인 것을 찾고자 정욕에 눈을 돌린다는 것이다. 그러면서 도덕적 해이 현상은 정욕 자체보다 뿌리를 제거해야 치료된다고 보았다.

겉으로 드러난 부조리 현상보다 철학의 파산 상태로부터 우리 사회를 건져 내야 한다. 자신이 설정한 기준을 다시 생각하는 훈련을 시작해야 한다. 철학의 파산 상태에서는 진리와 가치와 선호도에 대한 구분 자체를 하지 않는다. 오늘 한국사회는 철학의 파산이 가져오는 혹독한 결과를 경험하고 있다. 지도자들은 민심의 선호도가 강하면 가치와 진리도 쉽게 다 무시해 버리고, 사람들은 각자의 선호도를 모아서 절대적 기준으로 만들어 버리고 있다. 그러나 우리가 결코 포기해서는 안될 자유 민주주의의 이상은 서로의 선호도를 존중하되 공동체의 가치를 우선하여 생각하고 진리가 가장 권위 있는 사회가 되는 것이다.

# 말씀 앞에
## 내 심리를 무릎 꿇리는 것이
## 순종이다

사람들은 자신이 듣고 싶은 것만 듣고 보고 싶은 것만 본다. 모든 것을 다 보고 들을 수 없는 것은 당연한 일이다. 인식 능력에 한계가 있기 때문이다.

그런데 또 다른 이유가 있다. 사람들은 저마다의 욕구, 경험, 그밖에 개인적 특성이 다르다. 그래서 자신의 신념과 일치하거나 자기에게 유리한 정보만을 수용하고 그 밖의 정보는 무시해 버린다. 이런 현상을 '선택적 지각'(Selective Perception)이라고 한다. 동경의학대학교 명예교수인 요로 다케시는 《바보의 벽》에서 이 선택적 지각에 대해 이야기했다. 각자 듣고 싶은 말만 골라서 듣는 현상을 '바보의 벽'이라고 표현한 것은 참 적절하다.

요한복음에도 이런 선택적 지각 현상이 등장한다. 예수님에 대한 성부 하나님의 소리가 들렸을 때 어떤 이들은 천둥이 친 것이라고 하였고 또 어떤 이들은 천사가 예수님께 말한 것이라고 했다(요 12:29). 그들의 귀에 들린 것은 동일한 소리였다. 그런데 왜 저마다 다르게 들었을까? 이 사람들은 소리를 귀로만 들은 것이 아니라 자신들의 존재 전부로 들었다. 과거의 기억과 습관을 기준으로 하여 자신의 방식대로 그 소리를 선택하고 해석하여 들은 것이다.

예수님께서는 말씀을 깨닫지 못하는 이유가 들을 수 없기 때문이라고 하셨다. "어찌하여 내 말을 깨닫지 못하느냐 이는 내 말을 들을 줄 알지 못함이로다"(요 8:43). 들을 수 없다는 말은 귀와 청력이 없다는 뜻이 아니다. 자신의 편견과 고정관념, 세계관이 예수님의 말씀을 가로막고 있기 때문이라는 것이다.

우리가 무엇을 어떻게 듣는가는 그 사람의 사람됨에 따라 달라진다. 우리는 본능적, 선택적으로 듣기 때문에 마음에 두고 있는 것, 얻고자 애쓰고 있는 것이 무엇을 어떻게 들을지 좌우한다. 그래서 예수님께서도 이렇게 말씀하셨다. "너희가 무엇을 듣는가 스스로 삼가라"(막 4:24). "그러므로 너희가 어떻게 들을까 스스로 삼가라"(눅 8:18).

따라서 무엇을, 어떻게 듣는가에 따라 우리는 곧 자신의 정체를 드러낸다. 내가 듣는 것이 내가 어떤 사람인가를 나타내는 것이다. 그러므로 다른 사람에 대한 섣부른 판단은 도리어 나 자신에 대한 판단일 수 있다. 무엇인가를 들을 때 마음속에 숨겨 놓은 것들을 가지고 듣기 때문이다. 자신 안에 있는 사랑과 미움, 편견과 선입견, 원한과 혐오감 같은 것을 가지고 듣는 것이다. 천한 삶을 사는 사람은 예수님의 말씀을 천하게 들을 것이고, 숭고한 삶을 사는 사람은 예수님의 말씀을 숭고하게 들을 것이다.

많은 사람이 여러 가지 논리를 가지고 자신의 주장을 펼치지만, 결국 그 논리를 움직이는 것은 심리다. 사회 혼란은 논리 위에 심리가 더 크게 작용할 때 일어난다. 양극단으로 치우친 판단은 언제나 심리가 논리를 짓누르고 이길 때 일어난다. 반대로 사회적 성숙은 각자 자신의 마음속에 있는 주장을 내려놓고 객관적인 증거와 논리를 두루 살핀 후 심리가 그 증거를 따라갈 때 이루어진다.

신앙생활과 교회 공동체 안에서도 심리가 논리를 짓누르는 경우가 많이 발생한다. 말씀을 통해 드러내시는 논리를 무시하고 자신의 소원에 맞는 말씀만을 선택하여 믿고 싶은 대로 믿는 것이다. 자신이 믿고 싶은 대로 성경의 논리를 짜 맞추는 것이다.

하나님의 말씀 그 자체의 논리 앞에 내 심리를 무릎 꿇게 하는 것이 참된 순종이다. 믿음은 내 심리를 믿는 것이 아니라 객관적 사실에 근거한 논리를 의지하는 것이다. 나에 대한 확신이 아니라 하나님의 증거에 대한 확신을 통해 하나님을 신뢰하는 것이다.

교회 공동체의 성숙은 구성원들의 판단을 얼마나 논리에 합당하게 객관화 할 수 있는가에 달려 있다. 하나님의 말씀의 논리와 객관적 증거의 논리에 자신들의 심리를 따르게 하는가에 달려 있다. 그러한 일은 자신이 듣고 싶어 하는 말만 듣지 않고 자신이 듣기 싫은 말들에 얼마나 귀기울이는가에 달려 있다.

내가 좋아하는 말만 하는 사람만 가까이 하는가, 아니면 듣기 싫은 말을 하는 사람들을 진심으로 존중하고 가까이 하려고 하는가? 어느 사회이건 개혁은 심리가 논리를 지배하려는 일을 포기할 때 일어난다.

# 믿음인가,
# 고집인가?

---

| | ▾ | 🔍 |

---

나이를 먹을수록 내면이 더 넓어지는 사람이 있는가 하면 더 좁아지는 사람도 있다. 그 중간에서 아무 변화가 없는 사람은 없는 듯하다.

경험치가 쌓일수록 나와 타인, 세상을 이해하는 폭이 더 넓어지는 사람은 평화를 만든다. 그러나 같은 경험을 하더라도 더욱 자기중심적이 되어 자기 외에는 아무도 배려할 줄 모르는 사람은 다툼의 근원이 되곤 한다. 세월의 흐름과 함께 시야가 좁아지는 사람을 가리켜 속칭 '꼰대'라 하고, 넓어지는 사람을 '어른'이라고 할 수 있을 것이다. 나이와 경험이 많다고 무조건 어른이 아니라는 말이다.

이러한 현상은 교인들에게도 동일하게 나타난다. 믿음

의 연조를 자랑하는 이들이 매우 시야가 좁고 자기중심적인 성향을 보이는 것이다. 믿음을 토대로 자기 주장을 피력하는 것 같지만, 사실 고집을 부리는 경우가 많다. 스스로 믿음이라고 생각하지만 자신 안에 있는 고집을 보지 못한다.

믿음은 내가 아닌 다른 인격, 즉 예수님을 의지하는 것이고, 고집은 내 인격 안에 믿음을 두는 것이다. 믿음은 예수님께 내 생각과 의지를 의탁하는 것이고, 고집은 내 생각과 의지를 지키기 위해 예수님을 이용하는 것이다. 놀랍게도 예수님의 이름으로 실행되는 많은 일이 얄팍한 인간들의 고집을 합리화하기 위해 이용되는 경우가 많다. 믿음은 강해질수록 자기를 더욱 더 부인하지만 고집은 더욱 더 자신을 강화시킨다.

처음에는 믿음과 고집을 분별하기 어렵다. 겉으로 나타나는 현상이 비슷하기 때문이다. 두 경우 모두 어떤 고난과 어려운 상황 속에서도 포기하지 않고 인내와 희생을 마다하지 않는다. 그러나 시간이 흐르면 전혀 다른 열매를 맺는다. 시간이 갈수록 믿음은 화평 속에서 변화를 일으키지만, 고집은 다툼과 분열 속에서 고착화를 일으킨다. 믿음은 많은 사람들을 진리 가운데로 이끌지만, 고집은 많은 사람을 진리로부터 멀리 떠나게 한다.

이 시대에 참된 믿음의 사람이 부족하다는 증거가 여기

저기서 나타나고 있다. 교회는 이 시대의 꼰대가 되어 가는 것만 같다. 오랫동안 지켜 온 익숙한 교회 문화를 고수하는 고집을 믿음으로 착각하고 더욱 더 강화시킨 결과다. 고집을 믿음으로 착각하고 있기 때문이다.

고집을 내려놓고 참된 믿음으로 나아가는 것은 누가 대신해 줄 수 없다. 그리스도인 각자의 몫이다. 오늘 나의 삶의 원리가 믿음인가, 고집인가? 이것은 매일 반복해야 하는, 포기할 수 없는 신앙의 질문이다.

# 겸손을
# 잃어버리지는
# 않았는가?

목회하면서 종종 받는 질문이 있다.

"목사님이 목회하면서 겪는 가장 큰 어려움은 무엇인가
요?"

그럴 때마다 주저하지 않고 이렇게 대답한다.

"바로 나입니다."

겸손한 척하는 것 같은가? 아니다. 진실로 사실이다. 목
회의 걸림돌은 결코 어려운 환경도, 잘 따르지 않는 회중도
아니다. 목회자 자신이다. 구체적으로 말하면 겸손을 잃어
버린 목회자 자신이다. 목회를 하면서 만나는 모든 종류의
문제는 결국 목회자 자신의 교만을 지적하고 있다고 보아
도 된다고 생각한다.

교만이란 자신만이 즐길 수 있는 병이다. 겸손이란 교만이 없는 상태가 아니라 자신 안에 교만이 숨어 있다는 것을 아는 것이다. 그리고 이 교만에 물들어 버린 자아를 온전히 부인하지 않으면 살 수 없다고 믿는 것이다.

C. S. 루이스는 《순전한 기독교》에서 교만에 대하여 이렇게 말했다. "모든 악 중에서도 가장 나쁜 악이 우리의 신앙생활의 중심부까지 침투할 수 있다는 것은 무서운 일입니다. 그러나 그 이유를 이해하기는 어렵지 않습니다. 덜 나쁜 다른 악들은 사탄이 우리의 동물적 본성을 이용하기 때문에 생기는 것들입니다. 그러나 교만은 동물적 본성을 통해 오는 것이 아닙니다. 그것은 지옥에서 곧장 나옵니다. 교만은 순전히 영적인 악입니다. 그렇기 때문에 다른 악들에 비해 훨씬 더 교묘하고 치명적입니다."

앤드류 머레이(Andrew Murray)는 《겸손》에서 이렇게 말했다. "겸손은 죽음에 이르는 길입니다. 이는 죽음이 겸손의 완전함을 가장 잘 보여 주는 증거이기 때문입니다. 겸손은 자아의 죽음이라는 꽃에 맺히는 완전한 열매입니다."

겸손의 본질은 옛 자아의 죽음을 계속해서 주장하고 체험하는 것이다. 겸손은 자신에 대하여 죽는 길로 우리를 이끈다. 그때 우리는 타락한 본성에서 자유롭게 되고 그리스도 안에서 새로운 성품으로 탄생한다. 구원이란 겸손을 회복하는 것이다. 예수님의 겸손이 우리의 구원이 되고, 그분의 구원이 우리의 겸손이 되는 것이다. 성도의 삶에는 교만의 죄로부터 구원받고 회복되었음을 보여 주는 흔적이 있어야 한다. 우리가 어떤 영적 성장의 단계에 이르렀든지 교만은 우리의 가장 큰 원수이고 겸손은 우리의 가장 위대한 친구가 되어야 한다.

교만은 오직 그리스도의 임재하심으로만 물리칠 수 있다. 그리스도의 겸손은 죄가 우리를 낮추는 것이 아니라는 것을 알려 준다. 때로 죄 때문에 받은 수치와 징벌로 영혼이 겸손해진 것 같기도 하다. 그런데 그것은 겸손이라기보다는 그냥 기가 꺾인 것뿐이다. 대나무처럼 꼿꼿한 자존심이 벌을 받으면서 부러져서 그 높이가 낮아진 것뿐이다.

진정한 겸손은 크고 놀라우신 은혜 앞에서 한없이 작은 자신을 발견하고 스스로를 낮추는 것이다. 그래서 겸손에는 죄가 아니라 은혜가 필요하다. '모든 것을 베풀어 주시는 그분 앞에서 나는 얼마나 아무것도 아닌 존재인가!'라는 사실에 감격하고 스스로를 낮출 때 겸손해질 수 있다.

열매가 가득하면 가지가 휘어지고 강물이 넘치면 강바닥이 깊어진다. 그리스도의 죽으심과 연합하여 살아가는 사람만이 이런 겸손함에 이를 수가 있다. 우리가 죄에 대하여 죽고 그리스도의 십자가 복음의 능력을 우리의 것으로 삼는 믿음이 있을 때 진정한 겸손에 이르게 되는 것이다.

예수 그리스도의 몸된 교회와 지도자들에게서 이런 겸손을 발견하지 못한다면 세상은 예수님을 만나기 어려워질 것이다. 한국 교회에서 겸손이 사라지고 있다면 곧 예수 그리스도의 임재하심에서 떠나고 있는 것이다. 먼저 목회자들에게서 그리스도의 겸손하심이 나타나야 한다. 그렇기에 '나 자신'이 목회의 가장 큰 걸림돌이 되고 있음을 뼈저리게 고백할 수밖에 없는 것이다. 열심을 다한 사역들 속에 혹 어느 때부터인가 겸손을 잃어버리고 있지 않은지 깊이 돌아보고 싶은 요즘이다.

# 목사는
## 권위자가 아니라
## 권위의 청지기일 뿐이다

| | ▾ | Q |

 

종교 다원주의 시대에 권위는 우리가 직면하고 있는 가
장 중요한 문제이다. 18세기에 서구 문화권에서 일어난 계
몽주의 운동은 자율과 자의식을 심어 준다는 명목으로 권위
를 배척한 운동이었다. 계몽주의는 모든 것을 이성과 양심
에 비추어 시험해 보라 요청했다. 또한 가장 성스럽게 여겨
졌던 전통의 권위까지도 의문을 제기해 보라고 도전했다.

계몽주의 이래로 과학은 여전히 엄청난 권위로 세상에
군림하고 있다. 이미 과학적 사실로 밝혀진 논제를 받아들
이지 않는 사람은 결코 지식인이나 교양인으로 인정하지
않는다. 그렇다면 이러한 원리가 신앙의 영역에서는 어떻
게 작용하고 있는가? 사람들이 과학의 권위를 따르고 심지

어 맹목적으로 믿을 정도로 성경의 권위는 부정되고 있다. 그 결과 하나님의 권위가 부정되고 있다. 인간이 세운 거짓된 권위로 하나님의 권위를 무너뜨린 것이다.

하나님께서 만물을 창조하실 때 그 만물을 다스릴 보이지 않는 권위를 함께 창조하셨다(골 1:15-16). 이것은 선한 권세이다. 이 권위는 하나님의 권위를 인정하고 복종할 때에만 사용할 수 있다. 하나님께서 권위를 제정하신 것은 얼마나 큰 모험인가! 하나님이 제정하고 위임하신 권위가 하나님을 잘못 대변한다면 하나님께는 얼마나 큰 위험인가! 그러한 위험이 현실이 되었다. 인간이 타락하고 반역했을 때 인간들은 하나님을 배역하는 영적 권위 가운데 속하게 되었다(엡 6:12). 하나님의 권위를 부정하는 편에 서게 된 것이다.

예수님께서 세상에서 기적을 행하셨을 때 사람들의 질문에 가장 많이 등장한 단어는 '권위'다. "저가 누구이기에 이런 권세를 행하는가?"(막 4:35-41 참조) 예수님의 가르치심에 당시 율법학자들이 놀랐는데, 그 이유는 가르치심에 권위가 있었기 때문이다.

예수님께서 광야에서 시험받으실 때 사탄이 예수님을 유혹했던 것이 세상의 권위이다. 사탄은 자신에게 절하면 모든 권세와 영광을 주겠다고 유혹했다. 그러나 예수님은 세상의 타락한 권위를 거절하셨다.

예수님은 세상의 권위는 거부하셨지만 하나님의 권위를 가지고 활동하셨다. 예수님은 자신을 높이지 않으셨지만 지극히 높으신 하나님의 권세가 있었다. 예수님은 권위에 대하여 세 가지를 보여 주셨다.

첫째, 예수님은 자신의 권위가 자신의 것이 아니라 하나님의 권위를 대신 행사하는 것이라고 말씀하셨다(요 5:30). 자신은 '권위의 청지기'라고 말씀하신 것이다. 내가 말할 수 있는 권한조차도 하나님께 있다고 말씀하셨다(요 7:16).

둘째, 예수님은 권위를 사용하실 때에도 스스로에게 영광이 돌아오지 않도록 주의하셨다(요 7:18). 세상의 타락한 권위는 사람에게 스스로 높아지는 것을 삶의 목적으로 삼게 한다. 사탄이 아담과 하와를 유혹할 때 그것은 하나님처럼 높아지라는 권세로의 유혹이었다.

셋째, 예수님은 권위를 다른 사람들을 돕고 섬기는 데 사용하셨다. 예수님은 권위가 있는 분이다. 그런데 그 권위로 다른 삶들의 필요를 채워 주셨다. 그러나 세상의 권위는 다른 사람을 희생시켜서라도 점점 더 큰 힘을 추구한다. 권위가 권력이 되고 권위주의가 되는 것이다. 그래서 세상에는 권세 있는 사람들이 많지만 영향력 있는 사람은 매우 적다.

예수님은 세상의 권위에 의지하는 권력자가 아니고 아래로부터 섬기시는 권위의 청지기셨다. 권위의 청지기로서의 예수님의 섬김은 십자가에서 절정을 이루었다. 예수님께서 십자가에서 못 박히신 이유는 그분의 권위가 매우 강력해서였다. 세상의 권세자들에게 위협이 되었던 것이다. 예수님은 하나님의 이름으로 성전 안에서 세상의 권세를 누리고 지위를 탐하는 지도자들을 비판하셨다. 예수님께서는 세상의 권세자들의 요구대로 세상 권세에 굴복하지 않는 것으로 그들을 섬기셨다.

교회 개혁에 대한 많은 제언들이 있지만 가장 우선적이고 일차적인 과제는 목회자들이 세상의 권력과 권위의식을 내려놓는 일이다. 시간과 물질의 청지기로 살아야 하는 것처럼 주어진 권위의 청지기로 살아야 한다.

예수님께서는 자신을 낮추는 상징으로 어린아이를 내세우셨다(마 18:1-4). 철없는 어린아이의 미숙함을 본받으라는 것이 아니라 권위에 대한 어린아이들의 태도를 말씀하신 것이다. 어린아이들은 권력을 사용하는 데 낯설다. 세상적인 권세를 이용할 줄 모른다. 그러한 어린아이의 마음으로 오직 권위의 청지기로서 하나님 나라의 증인이 되라는 부르심이다. 교회 지도자들로부터 청지기 의식이 회복된다면 교회개혁은 열매로 나타나게 될 것이다.

# 나의 최선이
## 하나님의 최선은 아니다

```
|                              ▾  🔍
```

　지도자가 최후에 이뤄야 할 것은 '성공'이 아니라 '승계'다. 자신의 비전을 다음 지도자에게 전해 주고 아름답게 손을 놓는 것이야말로 지도자로서 반드시 치러야 할 마지막 임무가 되어야 한다. 참된 승계를 통해 하나님의 선을 이루는 것이다.

　물론 맡은 일에 책임을 다하고 잘 완수해서 좋은 평가를 받는 것도 중요하다. 때로는 업적을 바탕으로 위대한 지도자라는 평가를 받을 수도 있다. 그러나 아무리 위대했던 지도자라도 마지막 임무를 아름답게 완수하지 못한다면, 그래서 지금껏 해온 업적과 비전을 다음 지도자에게 넘겨주는 일에 실패한다면 그동안 눈물로 쌓아 왔던 것들이 순식

간에 무너질 수 있다.

마지막 임무에 실패하는 많은 지도자를 보면 대부분 시대에 잊히고 싶지 않은 욕심이 앞서 있다. 칭찬과 추앙을 받는 그 자리에서 내려오고 싶지 않은 것이다. 그러다 보면 그 전까지는 하나님의 뜻에 따라 겸손히 자세를 낮추다가도 마지막이 되어서는 태도를 바꾼다. 자신의 공을 드러내고 심지어 다음 지도자를 비난한다. 그래서는 하나님의 영광이 가려진다. 마지막을 앞둔 지도자라면 설사 자신이 잊힐지라도 하나님의 영광만이 나타나는 것을 용기 있게 받아들여야 한다. 오스왈드 챔버스(Oswald Chambers)는 이런 말을 했다. "예수 그리스도께 바르게 헌신된 사람이라면 아무도 당신을 알아보지 못할 때가 최고의 경지에 다다른 것입니다. 사람들이 보는 것은 오직 당신을 통해 드러나는 하나님의 능력뿐이어야 합니다."

위대한 지도자 모세의 삶을 보자. 그는 하나님께 약속의 땅 가나안을 자신이 밟고 볼 수 있게 해 달라고 기도했다. 출애굽과 광야 40년 동안 백성을 이끌고 오느라 얼마나 고생했는데, 이 정도 요구는 모세에게 최소한의 합당한 보상처럼 보인다. 그러나 하나님께서는 단호하게 거절하셨다. 하나님의 이런 결정이 야속해 보이는가? 그러나 하나님께서는 그의 인생이 '위대한 지도자'가 아니라 '선한 지도자'

로 끝맺기를 원하셨다.

그리고 하나님은 이 시대를 살고 있는 우리에게 모세의 이야기를 나누어 주신다. 왜인가? 우리는 결코 전체 그림을 보지 못한다는 것을 기억하라는 것이다. 전체 그림은 하나님만 보실 수 있다. 우리가 보는 것은 언제나 부분뿐이다. 그렇기 때문에 내가 구하는 것이 꼭 최선은 아닐 수 있다. 내가 보기에는 그것만이 최선처럼 보이지만 하나님이 보실 때는 다른 것이다. 사실 모세는 가나안 땅에 들어가는 것보다 더 멋진 일은 생각할 수 없었을 것이다. 그러나 하나님께서는 그보다 더 멋진 일을 생각하고 계셨다.

하나님께서는 모세가 가나안 땅에 들어가는 것을 허락하지 않으심으로써 하나님의 거룩하심을 나타내기 원하셨다. 하나님께서 모세를 가나안 땅에 들어가지 못하도록 하신 것은 그가 백성의 죄악에 흥분하여 지팡이로 돌을 내려칠 때 이미 내려진 결정이었다. 하나님께서는 이 일을 통해 지도자의 죄는 결코 가볍게 다루시지 않는다는 사실과 하나님의 거룩하심을 그 백성이 반드시 기억해야 한다는 것을 분명히 보여 주신 것이다.

또한 하나님께서는 이 일을 통해 하나님의 위대하심을 나타내셨다. 고대 세계였던 당시는 조상 숭배가 아주 흔했다. 만일 모세가 가나안 땅에 들어가 죽었다면 장차 백성이 모세를 신격화하고 그를 우상처럼 섬길 위험이 있었다. 하나님께서는 이스라엘 백성에게 모세가 하나님보다 더 중요해지는 일을 막으신 것이다. 사람이 위대해지는 것은 위험하다. 특별히 하나님의 종이 하나님보다 더 위대한 자리에 오르는 것은 결코 허락하지 않으신다.

모세는 하나님의 위대하심을 믿었다. 그는 꼭 자신이 이스라엘 백성을 가나안 땅으로 이끌고 가지 않더라도 다른 누군가를 통해서 반드시 약속을 성취하실 것을 믿고 있었다. 바로 이것이 지도자가 보여야 할 하나님을 향한 전적인 믿음이다. 하나님께서는 나보다 훨씬 부족한 사람을 통해서도 당신의 위대하심을 나타내실 수 있다는 것을 믿어야 한다.

마틴 루터는 테네시 주 멤피스에서의 연설에서 모세의 이 경험을 인용하여 자신의 심정을 고백했다. "여느 사람들처럼 저도 오래 살고 싶습니다. 오래 사는 것은 중요합니다. 하지만 지금은 그 일에 별로 관심이 없습니다. 저는 그저 하나님의 뜻을 실천하고 싶습니다. 하나님은 저를 산 위로 데려가셨습니다. 저는 위에서 아래를 둘러보았습니다. 그리고 약속의 땅을 보았습니다. 저는 여러분과 함께 그곳에 가지 못할지도 모릅니다. 하지만 오늘밤 저는 우리가 약속의 땅에 이르리라는 것을 압니다. 그래서 저는 오늘밤 행복합니

다. 아무것도 염려하지 않습니다. 아무도 두렵지 않습니다. 제 눈은 주님이 오시는 영광을 보았습니다."

하나님의 뜻 가운데 있는 사람은 약속의 땅을 보는 것만으로도 행복하다. 내가 그 땅을 밟느냐 밟지 못하느냐는 중요하지 않다. 하나님의 뜻이 어디까지인지가 더 중요하다. 하나님의 뜻이 보는 것까지라면 그것만으로 행복할 수 있다. 그리고 후계자를 진심으로 격려하고 그를 통해 하나님의 뜻이 이루어지는 것을 보며 함께 행복해할 수 있다. 그것이 진정한 하나님의 사람이다. 그것이 위대함을 넘어 선한 지도자로 하나님께 쓰임받는 것이다. 한국 교회는 이런 선한 지도자들을 염원하고 있다.

# 진정한 용기란
## 소명을 따르는 것이다

남아프리카공화국의 넬슨 만델라(Nelson Mandela)는 백인 정부의 인종차별 철폐라는 소명을 가지고 맞서 싸우면서도 복수심을 불태우지 않았다. 정치가가 자신이 받은 핍박에 복수하지 않는 것은 더 큰 용기가 필요한 일이었다. 그는 20년 넘게 옥살이를 했다. 그런데 그는 후에 대통령이 되어서도 자신이 받은 고통을 되갚기보다는 받은 소명을 신실하게 지켜 가는 일에 헌신했다.

그가 대통령이 되고 1년 후인 1995년, 럭비월드컵이 남아프리카공화국에서 열렸다. 남아프리카공화국의 대표선수가 모두 백인이었기에 흑인들은 응원을 거부했다. 그때 넬슨 만델라는 자신이 직접 선수 유니폼을 입고 경기장에 나와 대표팀을 응원했다. 피해의식에서 비롯된 흑인들의 또 다른 형태의 인종차별을 무너뜨리려는 의도였다. 그 모습을 보고 국민들은 피부색과 상관없이 모두가 한목소리로 대표팀을 응원했다고 한다. 사람 눈치를 보면서 중심을 잃기보다 소명에 충실했던 지도자의 용기 있는 행동으로 국민 모두 하나가 될 수 있었던 것이다.

넬슨 만델라처럼 역사 속에서 세상을 바람직하게 변화시켰던 사람들에게는 두 가지 공통점이 있다. 첫째, 자신이 마땅히 해야 할 옳은 일을 발견한다. 둘째, 아무리 힘들고 어려운 희생이 요구되더라도 그 일을 포기하지 않고 담대히 행한다. 전자가 소명(Calling)이라면 후자는 용기(Courage)이다. 용기란 마땅히 해야 할 옳은 일을 대가를 치루며 기쁘게 행하는 것이다.

인생이 무의미하게 느껴지는 것은 소명과 상관없이 살기 때문이다. 그런 사람은 자신을 다른 사람과 비교하느라 시간을 소모한다. 다른 사람을 기쁘게 하려는 가식의 짐을 지고 살아간다. 때로는 너무 많은 일을 이루려고 하다가 시간에 속박된 인생을 산다. 주어진 시간에 무엇인가를 이루어야 한다는 강박관념이나 가능한 한 많은 일을 이루어 내겠다는 압박감에 사로잡힌다.

그러나 소명은 지문과 같다. 다른 사람과 같지 않아도 나만이 마땅히 해야 할 일이 있는 것이다. 소명은 나이 들지도 않는다. 세상이 정해 놓은 기준에 맞추지 않아도 된다. 다른 사람을 무조건 기쁘게 해야 할 의무는 없다. 내 있는 모습 그대로 누군가를 가식 없이 사랑할 자유가 있을 뿐이다.

발견한 소명을 용기 있게 추구하지 못할 때도 인생은 무의미해진다. 소명을 따라 살려면 때로 다른 것을 내려놓고 선택하는 용기가 필요하다. 용기가 없으면 소명을 버리고 사람이나 상황에 이끌린다.

종교철학자 폴 틸리히(Paul Tillich)는 《존재의 용기》(The Courage to be)에서 "진정한 용기란 자기 자신이 되고자 하는 것을 말한다"고 했다. 성경적인 표현은 아니다. 이 말을 성경적으로 보면 "진정한 용기란 하나님께서 주신 소명을 따라가는 것이다"라고 고칠 수 있다. 사람과 상황에 이끌려가는 인생이 아니라 소명에 담대하게 헌신하는 용기가 있을 때 인생은 참 의미를 발견하게 된다.

몇몇 바리새파 사람들이 예수님께 와서 헤롯이 예수님을 죽이려 한다는 정보를 알렸을 때다. 이때 예수님은 오히려 더욱 담대하게 자신의 소명을 여우같은 헤롯에게 전하라고 말씀하신다. "너희는 가서 저 여우에게 이르되 오늘과 내일은 내가 귀신을 쫓아내며 병을 고치다가 제삼일에는 완전하여지리라 하라 그러나 오늘과 내일과 모레는 내가 갈 길을 가야 하리니…"(눅 13:32-33). 헤롯의 어떤 위협에도 예수님께서 계획하신 일이 취소되거나 축소되는 일은 없을 것이라는 사실을 알려 주신 것이다. 예수님은 시간과 상황에 이끌려 가시는 분이 아니라 그 모든 것의 주인이시다.

예수님께서는 하나님께서 주신 소명을 이루기 위해 어떤 고난과 죽음 앞에서도 두려워하지 않는 담대한 용기를 보여 주셨다. 모든 사람에게 죽음은 피해야 할 것이지만 예수님께 죽음은 사역의 절정이었다. 예수님께서는 악인의 계획을 아시고 피할 수 있었지만 의로운 길을 계속 선택하심으로 죽음을 피하지 않으셨다.

내 사회적인 위치나 대중의 인기, 때로 내 생명도 내려놓을 수 있는 소명을 발견했는가? 그리고 죽음을 두려워하지 않고 용기 있게 소명을 따라 살아가고 있는가? 하나님께서 '나' 한 사람에게 맡기신 개인적인 소명을 발견한 사람만이 인생을 의미 있게 살 수 있다. 그리고 그 소명을 따라 담대하게 살아갈 때 인생은 하나님께 쓰임받고 역사에 영향을 미치는 인생이 되는 것이다.

우리가 소명을 따라가다 보면 고난보다는 유혹에 무너지곤 한다. 유혹은 고난 이전에 온다. 예수님께도 그랬다. 광야의 세 가지 유혹이 십자가의 고난보다 먼저 왔다. 그러나 예수님은 유혹에 넘어지지 않으셨다. 만약 그랬다면 예수님의 고난은 없었을 것이다. 우리도 마찬가지다. 아직 소명을 위협하는 고난이 오지 않은 것은 이미 유혹 앞에 소명을 포기했기 때문이다. 권력의 유혹, 편안함의 유혹, 명예의 유혹 앞에 소명을 잊어버린 것이다. 소명을 잊어버리게 하는 유혹을 이겨야 한다. 그러고 나면 때로 고난이 올 것이다. 만일 고난 앞에서도 담대한 용기로 소명을 포기하지 않는다면 우리는 하나님의 위대한 역사에 쓰임받을 것이다.

# 진정한 지도자는
# 팀워크를 만든다

---

미국의 바나연구소에서 1,005명의 성인을 대상으로 '지도자로서 가장 중요한 것이 무엇이라고 생각하는가?'라는 질문의 설문조사를 했다. 여러 가지 결과가 나왔다. 응답자들은 지도자라면 동기를 부여하는 능력, 갈등을 해결하는 능력, 비전을 전달하는 능력, 자원을 효과적으로 배치하는 능력 등을 가지고 있어야 한다고 응답했다. 모든 것이 맞다. 그만큼 사람들은 지도자에게 여기서 언급한 것 이상의 기대를 가지고 있다. 그런데 문제는 '이 많은 기대들을 충족한 지도자는 과연 누구인가?' 하는 것이다. 한 사람의 지도자가 이 모든 기대를 충족시킨다는 것은 불가능한 일이다. 물론 이 모든 기대를 충족시킬 수 있다고 큰소리치는 지도자

가 있다면 그것 역시 큰 문제이다. 만약 그런 지도자가 있다면 교만의 극치라 할 수 있을 것이다. 스스로 중요한 존재가 되고 명성을 내기 원하는 지도자에 의해서는 결코 팀워크가 만들어지지 않는다. T. S. 엘리엇(Eliot)은 이렇게 말했다. "이 세상에서 행해지는 해악의 절반은 스스로를 중요한 존재로 여기고 싶어 하는 사람들 때문에 일어난다."

팀워크란 공동체 구성원 모두가 중요한 존재가 되도록 하는 것이다. 따라서 진정한 지도자는 자기 혼자만 잘났다고 나서는 것이 아니라 공동체 구성원을 중요한 존재가 되도록 만들어 주어야 한다. "당신의 촛불이 꺼지지 않기를 바란다면 다른 사람의 초에 불을 붙여 주라"는 말이 있다. 자신의 초만으로는 결코 촛불을 유지할 수 없다. 자신의 불을 다른 사람의 초에 붙여 주면 그 촛불은 결코 꺼지지 않을 것이다. 가구 업체 허먼 밀러의 명예 회장 맥스 드프리(Max De Pree)는 그의 책 《리더십은 예술이다》에서 이렇게 말했다. "리더십의 역량은 머리의 자질이 아니라 몸의 분위기이다. 탁월한 리더십은 그를 따르고 있는 사람들 사이에서 나타난다." 훌륭한 리더십은 함께 따르는 자들 속에서 표시가 난다는 말이다. 함께 일하는 사람들이 중요한 존재로 역할을 할 수 있도록 이끄는 지도자가 훌륭한 지도자이다.

팀워크의 진리는 동물의 세계에서 더 분명하게 배울 수

있다. 기러기 떼는 이동할 때 V자로 대형을 맞춰 난다. 날다가 선두 기러기가 지치면 다시 대열 속으로 들어와 쉬고 다른 기러기가 선두 자리를 맡는다. 한 마리가 병들거나 다쳐서 대열에서 뒤쳐지면 다른 두 마리가 함께 대열에서 떨어져 나와 아픈 기러기가 회복해 대열에 합류할 수 있을 때까지 곁에 있어 준다고 한다.

팀워크를 이루기 위해서는 지도자뿐만이 아니라 지도자 곁에 있는 사람들도 중요하다. 특별히 세컨드 리더십이 중요하다. 음악가 레너드 번스타인(Leonard Bernstein)은 오케스트라에서 가장 연주하기 힘든 악기는 세컨드 바이올린이라고 했다. 퍼스트 바이올린만큼의 열정으로 연주하는 세컨드 바이올린을 찾기 힘들다는 것이다.

성경에서 가장 아름다운 세컨드 리더십을 보여 준 사람은 갈렙이다. 갈렙은 여호수아와 함께 가나안 정탐을 갔던 사람이다. 열두 명의 정탐꾼 중에서 여호수아와 갈렙만이 믿음의 보고를 하였고, 그래서 40년의 광야 생활을 거친 후 후손들과 함께 가나안 땅에 들어갈 수 있었다. 갈렙은 40년 이상을 무대 뒤에 감추어진 인생으로 살아왔지만 여호수아에게 자신의 권리를 주장하지 않았다. 갈렙은 85세가 되어서 가나안 땅을 분배할 때 정복하기 가장 어려운 땅인 헤브론 산지를 자신이 맡아서 정복하겠다고 자청했다. 갈렙은 정복하기 가장 좋고 넓은 땅을 요구해도 아무도 뭐라고 시비할 수 없는 당당한 이스라엘의 이인자다. 그러나 그는 인생의 후반기에 가장 어렵고 힘든 지역을 선택함으로써 여호수아를 도왔다.

팀워크는 지도자 곁에 위대한 협력자가 있을 때 이루어진다. "두 사람이 한 사람보다 나음은 그들이 수고함으로 좋은 상을 얻을 것임이라"(전 4:9)는 전도서의 말씀처럼 팀워크의 시작은 두 사람이 한 사람보다 낫다는 것을 받아들이는 것이다. 우리는 혼자서 아무것도 할 수 없다! 팀은 언제나 개인보다 낫다. "팀의 IQ는 개인의 IQ의 합보다 언제나 높다"는 말이 있다. 심리학적인 연구 결과를 보더라도 개인보다 그룹 차원의 의사 결정 결과가 훨씬 뛰어나다. 20킬로그램을 견딜 수 있는 밧줄을 세 개를 묶었을 때 산술적으로는 60킬로그램을 견딜 수 있어야 하는데 실제로는 100킬로그램 이상을 견딜 수 있다. 시너지 효과 때문이다. 물질에도 시너지 효과가 있는데 하물며 하나님의 형상대로 지음 받은 인간들이 합력하면 얼마나 큰 시너지 효과가 일어나겠는가!

대한민국에도 팀워크 리더십을 펼칠 지도자를 기대하고 기도한다. 자기만 중요하길 바라면서 "내가 해냈다!"라고 외치는 지도자가 아닌 "우리가 함께 해냈다!"라고 외치는 지도자를 기대한다.